JN081406

買いたい新書
4

# 1日10分
# 地方公務員法

## 第6次改訂版

都政新報社

# 目　　次

# 凡　例

**問題について**

○　本書の問題は、法改正による制度新設などの一部
例外を除き、すべて東京都及び特別区の昇任試験か
ら収録したものである。

○　個々の問題については、基本的に出題時の内容を
そのまま用いているが、出題後の制度改正や、編集
上の都合などの理由により、一部内容の修正を行っ
たものがある。

○　各問題には、収録元の昇任試験の試験名を（　）
書きで表示した。なお、各項目の類題で、試験名が
付されていないものについては、いくつかの例外を
除き、同じ分野から出題された他の昇任試験の選択
肢をもとにして、あらためて編集し直した。

○　地方公営企業法の分野については、**地方公務員法
に関連のある分野のみを収録**した。

○　各事項の右下に付いている★、★★、★★★は、
項目ごとの重要度（出題頻度）の目安を表す（過去
の傾向から見て、「★」の数が多いほど出題頻度が
高い項目である）。

## 法令名等について

　文中の法令名等については、以下のように省略して用いた。なお、どの法令を指しているか文脈からわかるものについては文中条文の番号のみを用いて表記している。

| 略　　　　号 | 法　　令　　名　　等 |
|---|---|
| 地公法 | 地方公務員法 |
| 地公企法 | 地方公営企業法 |
| 地公労法 | 地方公営企業等の労働関係に関する法律 |
| 自治法 | 地方自治法 |
| 地独法 | 地方独立行政法人法 |
| 派遣法 | 公益的法人等への一般職の地方公務員等の派遣等に関する法律 |
| 法人格付与法 | 職員団体等に対する法人格の付与に関する法律 |
| 育休法 | 地方公務員の育児休業等に関する法律 |
| 地共法 | 地方公務員等共済組合法 |
| 地公災法 | 地方公務員災害補償法 |
| 地教行法 | 地方教育行政の組織及び運営に関する法律 |
| 教特法 | 教育公務員特例法 |
| 労契法 | 労働契約法 |
| 労基法 | 労働基準法 |
| 労規則 | 労働基準法施行規則 |
| 均等法 | 雇用の分野における男女の均等な機会及び待遇の確保等に関する法律 |
| 労安法 | 労働安全衛生法 |
| 国公法 | 国家公務員法 |
| 行実 | 行政実例 |
| 管試 | 東京都管理職試験 |
| 区管試 | 特別区管理職試験 |
| 主任 | 東京都主任試験 |
| 運輸 | 東京都主任試験（運輸系） |

## 本書の使い方（本書活用のヒント）

**はじめに**

　本書を手にされる方の中には、法律科目自体勉強
するのも初めてであり、今後どのように勉強したら
いいか悩んでいるという方も、あるいはおられるの
ではないでしょうか。また、ほかにも勉強しなけれ
ばならない科目がたくさんあるから、地公法にかけ
る時間は最小限にしたい、という方もおられるかも
しれません。そのような方々のために、本書を少し
でも効率的に活用していただき、公務員法という科
目の勉強を進めていくためのヒントを若干挙げてお
こうと思います。ただし、ここに書いた考え方は、
**あくまでも一つのパターンなり、参考ですので、そ
のつもりで読んでください。また、自分なりの勉強
のスタイルをすでに確立されている方は、このよう
な方法による必要はまったくありません。**自分の信
じるやり方で、勉強を進めていってください。

**地方公務員法はどんな科目か？**

　まず、択一科目の法律分野については、今まで
まったく法律を勉強したことがない人であっても、
**かなりの程度単なる暗記科目と割り切って勉強を進
めることが可能です。**中でも、地方自治法や地方公
務員法は特にこのことがあてはまります。憲法や行
政法と異なり、出題内容も、法理論・学説に対する
理解や判例の変遷を問うような問題よりは、制度そ
のものの基本的な理解を問うものの方がはるかに多

いからです。とりわけ、地方公務員法は、地方自治法にくらべて条文自体も少なく、比較的短期間で大体の内容をカバーすることができるので、法律科目の中では一番勉強しやすい分野です。法律科目自体に、苦手意識をもっている人でも大丈夫。やり方次第では十分得点源にできます。

## 学習の進め方
### ① 学習対象とする事項を絞り込む（ヤマをかける）

過去の出題傾向（→一覧表）を見ていただくとわかると思いますが、地方公務員法の分野全般にわたってまんべんなく出題されることはなく、毎回比較的限定された分野から出題されています（出題傾向や頻度にはクセがある）。また、過年度の出題パターンを分析すれば、その年何が出題されるのか、ということもある程度予想できます。つまり、**出題傾向さえしっかり把握できるのであれば、必ずしも問題集のすべての問題にあたる必要はない**わけです。

勉強の進め方としては、まず問題集から当該年度の試験に出題されそうなテーマをピックアップして重要度別に分類し（記号を付ける等）、**最も出そうなテーマから優先的・重点的に解く**ようにします。それらをマスターし、さらに時間的に余裕があるのであれば、次に重要度の高い事項、さらにその次……、というように手を広げていくようにします。問題集をいきなり最初のページから解き始める必要はありません（特に時間がない場合はなおさらです）。

また、かなりの確率で出題が予想される事項につ

いては問題を何回も解いて知識を確実に定着させる
だけでなく、**類似問題にもより多くあたるようにし
ましょう**（その事項に関しては、どのような変化球
が投げられても打てるようにしておきます）。

② **最初から基本書にあたる必要はない**

　基本書については、問題集を一通り解いて知識
を得てから、**考え方を整理し欠落している部分を
補う意味で**、関連事項をざっと読む程度でいいと
思います（最初から読んでも眠いだけ。また、参
考書も試験用に編集され、事項別にコンパクトに
まとめられたものを選ぶようにしましょう）。

③ **択一の問題を、一問一答の問題として解く**

　問題を解くときは、5者択一の問題を一問として
ではなく、ぜひ**一問一答の5題の問題と考えて解い
てください**（本書はすべて問題と解答が左右対称と
なっており、すぐに答えを確認できるようにしてあ
ります）。

　よく、**正解がわかった段階で、それから先の選
択肢について問題を解くのをやめてしまう人がい
ますが、あれは間違い**。試験本番ならともかく、
今は練習の段階ですから、途中の選択肢で答えが
わかっても、とりあえず最後まで解くようにしま
しょう（正解以後の選択肢については、間違い探
しとなるわけです）。

　また、問題を解く際にも、単に選択肢が合ってい
るとか、間違い、で済ますのではなく、「どこの部分

がどのように違っているから誤りなのか」を正確に言えるようにしておきます。このようにしておけば、類似問題や多少の変化球にも対応することができます。

④　チェック方式のすすめ
　　まず、選択肢を解いて、正解となった（どこが誤りかわかった）選択肢にチェックマークを付けていきます。何問かはチェックが入らない選択肢が出てくると思いますので、次に問題を解くとき（その次の日とか、あまり時間を置かないうちにやる方がよい）に一番先頭の**チェックが入っていない選択肢から挑戦**するようにします。それでもまた正解とならなかった（チェックが入らなかった）ら、さらに次の回にもう一度同じ選択肢を解く……というように順次勉強を進め、選択肢のすべてにチェックが入ったら、その問題番号にもチェックを入れ、次回はまだ完全にチェックが付いていないその次の問題から解き始めます（つまり、「しらみつぶし」です）。そのようにして一通り問題を解き終わったら、また最初から同じようにして二度、三度と繰り返して解くようにします。実にまわりくどいやり方に思えるかもしれませんが、記憶の定着という面では抜群の効果を発揮します。

**こんな使い方もある**
　　法律科目自体勉強するのも初めて、という方であれば、以下のような方法もあります。

## ⑤ 最初から問題を解かない（まず答えからあたる）

　いくら問題を丹念に読み、考えてみたところで、知識として頭に入っていない以上、答えが出てくるはずはありません（一般常識で答えが出てくるものも中にはあるかもしれませんが……）。**だから先に答えを覚えてしまうようにします**。まず解答のページを暗記するくらいのつもりで注意深く読みながら、**問題文のページの選択肢で誤っている箇所にマーカーを引きます**。たいていは「次のうち正しいものはどれか」という問題なので、問題文のうち、4つの選択肢のどこかにマーカーが引けるはずです。ここまでが準備作業。その作業が済んだら、今度は逆にマーカー入りの問題を解きながら、マーカー部分がどのように間違っているか（正確にはどのような記述となるか）を言えるように暗記してしまいます（正解の選択肢についてはそのまま丸ごと暗記してください）。

　本書では、特に誤りの選択肢については、どうして間違いなのか、その根拠をなるべく丁寧に解説するようにしてあります。先にその解説を読んで、理屈を納得してから改めて問題にあたったほうが、何の予備知識もないままにいきなり問題にあたるよりも内容が頭に残ると思います。最初から答えを見てしまうなんてちょっと奇異に感じるかもしれませんが、これはこれで結構効率的な勉強方法です。

## 地方公務員法の出題傾向

　次頁に東京都の主任試験、運輸系主任試験、特別区管理職試験等の過去の出題傾向を一覧表にしました。出題傾向や頻度などを分析するのに活用してください。ちょっと細かい表ですので、見づらい場合には拡大コピーをして使用してください。

　また、表の中の字が多すぎて見づらい場合は、不要な部分をホワイトなどで消せば、該当する試験区分だけの傾向表を作ることもできます。

## 地方公務員法等の出題傾向（東京都・特別区、過去 10 年）

|  | H25 | H26 | H27 | H28 | H29 | H30 | R1 | R2 | R3 | R4 |
|---|---|---|---|---|---|---|---|---|---|---|
| **地方公務員法** | | | | | | | | | | |
| 地方公務員制度 | | | | | | | | | | |
| 一般職と特別職 | | 共運 | 共運 | 運区 | 運 | 共運 | 運区 | | 共 | 共運区 |
| 任命権者 | Ⅱ運 | | 共運 | | | 共 | 共 | | | 共 |
| 人事委員会・公平委員会 | 事 | 区 | 事区 | | 区 | 事区 | | 共区 | 区 | |
| 任用 | | 共 | | 共区 | 共運 | | 共 | 区 | | 共事運 |
| 兼職・充て職・専務従事・出向・派遣 | | | | | | | | | | |
| 欠格条項 | 共運区 | | 事 | | | 共 | 区 | | 共運区 | |
| 条件付採用 | | 共区 | 共 | | 区 | 共 | | | 事 | |
| 臨時的任用 | 共運 | 区 | | | 事 | 運 | | 共 | | |
| 会計年度任用職員 | | | | | | | | | | 区 |
| 分限処分 | Ⅰ区 | | 共運区 | 運 | 共運区 | | 共運区 | | 運 | 共運区 |
| 懲戒処分 | 共 | 区 | 共運 | 区 | | 共区 | 運 | 共運区 | | |
| 離職 | | 共 | 共 | | | | | 事 | | |
| 定年制 | | | | | | | | | | |
| 再任用 | 共運 | | | 共 | | | 共運 | | | |
| 服務の宣誓 | | | | 共 | | | 共 | | | |
| 職務命令に従う義務 | | 共運 | | 運 | 共運 | | 運 | | 共運 | |
| 信用失墜行為の禁止 | | | | 共 | | | 共 | | | |
| 秘密を守る義務 | 共区 | 運 | | 運 | 共区 | 運 | 共区 | 運 | 共 | 運区 |
| 職務専念義務 | Ⅱ運 | Ⅰ | | 事 | 事運 | | 事 | | 共運 | |
| 政治的行為の制限 | | 事区 | 共 | | | 共区 | | 事区 | | |
| 争議行為の禁止 | | 事 | 区 | | | | | 共 | 区 | |
| 営利企業等の従事制限 | Ⅰ | Ⅱ運 | | 運 | | 事運 | 運 | | 共 | 運 |
| 退職管理 | | | | 共区 | 共 | 共 | | | | 共 |
| 研修 | | | | | | | | | | |
| 人事評価 | | | | | 共 | | 事 | 運 | | 事 |
| 給与 | 事 | Ⅱ運 | 区 | 事 | | | 共 | | 共区 | |
| 勤務時間その他勤務条件 | | | | | | | | 運 | 共 | |
| 勤務条件に関する措置要求 | 区 | 共 | 区 | 共 | 区 | 共 | 区 | | 共区 | |
| 不利益処分に関する審査請求 | Ⅱ事技 | 区 | | 区 | 共 | 区 | 共 | 区 | | 共区 |
| 労働基本権の制限 | | | | 共 | | | 共 | | | |
| 職員団体等 | 区 | Ⅰ区 | 共運区 | 区 | | 運区 | 共 | 区 | 共運区 | 共区 |
| 共済制度 | | | | | | | | | | |
| 公務災害補償制度 | | | | | | 共 | | | | 共 |
| 罰則 | | | | | 区 | | 区 | | 共 | |
| 単純労務職員 | | | | | | | | | | |
| その他 | | | | 共 | 共 | 共 | | | 共事 | |

| | H25 | H26 | H27 | H28 | H29 | H30 | R1 | R2 | R3 | R4 |
|---|---|---|---|---|---|---|---|---|---|---|
| **労 働 基 準 法** | | | | | | | | | | |
| 総　　　　　則 | | | | | | 運 | | | | |
| 公 民 権 の 保 障 | | | | | | | | | 運 | |
| 労　働　契　約 | | | 運 | | | | | | | |
| 解　　　　雇 | | | | | | | | | | |
| 賃　　　　金 | | | | | | | 運 | | | |
| 労　働　時　間 | 運 | | | 運 | | | | 運 | | |
| 休　　　　憩 | | | | | | | | | | |
| 三　六　協　定 | | | | | | | | | | |
| 休　　　　日 | | | | | | | | | | |
| 年 次 有 給 休 暇 | | 運 | | 運 | | | | | | 運 |
| 年　少　者 | | | | | | | | | | |
| 妊 産 婦 等 の 保 護 | | | | | | | | | | |
| 災　害　補　償 | | | | | | | | | | |
| 就　業　規　則 | | | | | | | | | | |
| **地 方 公 営 企 業 法** | | | | | | | | | | |
| 総　　　　　則 | | | | | | | | | | |
| 財　　　　務 | | 運 | | | 運 | | | | | |
| 地方公営企業管理者の身分取扱い | | 運 | 運 | | | | | 運 | | |
| 地方公営企業管理者の権限 | | | | | | | | | | 運 |
| 企 業 管 理 規 程 | 運 | | | | 運 | 運 | | | | |
| 職 員 の 身 分 取 扱 い | | | | | | | | | 運 | |
| **地 公 労 法** | | | | | | | | | | |
| 職 員 の 団 結 権 | | | | | | | 運 | | | |
| 在　籍　専　従 | 運 | | 運 | 運 | | | | 運 | | |
| 団　体　交　渉 | | 運 | | | 運 | | | | | 運 |
| 労 働 関 係 の 調 整 | | | | | 運 | | | | | |
| 争　議　行　為 | | | | | | | | | 運 | |
| 労　働　委　員　会 | | | | | | | | | | |

共：都主任試験（Ⅰ・Ⅱ類及び技術共通）　Ⅰ：都主任試験（Ⅰ類（事務及び技術）のみ出題）
Ⅱ：都主任試験（Ⅱ類のみ出題）　　　　事：都主任試験（事務のみ出題）
技：都主任試験（技術のみ出題）　　　　運：運輸系主任試験
管：都管理職試験　　区：特別区管理職試験

※　問題によっては、複数分野から構成された形式の出題もあるため、実際の
　　試験における地方公務員制度の問題数と、表で取り上げられた分野の数と
　　は必ずしも一致しない。

※　都主任試験では本表記載以外に都政実務分野での出題例がある。（研修等）

※　制度改正があった項目は、改正後の表記とした。

# I　地方公務員法

★★★

> 地方公務員法に定める一般職及び特別職に関する記述として、妥当なのは次のどれか。（主任）

1　一定の知識経験に基づいて、他に生業を持っていることを前提として特定の場合にのみ地方公共団体の業務を行う公務員は、一般職に属する。

2　任命権者が、特定の知識経験、人的関係又は政策的な配慮のもとに任意に任用する職は、一般職に属する。

3　非常勤職員は、地方公共団体が一定の期限付きで任用する職員であるから、職務の内容が一般職のものであっても特別職に属する。

4　地方公務員法の規定は、一般職に属するすべての職員に適用され、法律に特別の定めがある場合を除いて、特別職に属する職員には適用されない。

5　業務に対する反対給付を基に、一般職と特別職とを区分する基準があり、一般職に対しては給与が支給されるが、特別職には給与は支給されない。

解 答

1　誤り。設問は、特別職に属する公務員の説明である（臨時・非常勤の顧問、参与、調査員、嘱託員などが設問の例）。

2　誤り。設問は、特別職に属する公務員の説明である（地方公営企業の管理者、長の秘書のうち条例で指定する者などが設問の例）。

3　誤り。非常勤の職員が特別職に属するか一般職に属するかは、その者の勤務の実態により判断すべきものとされている（昭32.8.26行実）。

4　正しい（4条1項、2項）。

5　誤り。地方公共団体の**常勤の職員**（長（特別職）、常勤の一般職など）及びフルタイムの会計年度任用職員に対しては**給与**が、**議員や非常勤の職員**（フルタイムの会計年度任用職員を除く）に対しては**報酬**がそれぞれ支払われる（自治法203条、203条の2、204条）。**一般職か特別職かで給与か報酬かを区別しているわけではない。**

正答　4

**Point!** 特別職の例としてどのような職
があるのか、一般職との違いは何か？

### 1 一般職

　地方公務員の職は、**一般職と特別職と**２つに分け
られる（3条1項）。一般職は、**特別職以外の一切の
職**とされている（3条2項）。一般職は、職務の種類
によって、①一般行政職員、②教育職員（公立学校
教職員）、③企業職員、④単純労務職員、⑤警察職
員、⑥消防職員などに分けられる。なお、警視正以
上の警察官は、国家公務員である。

### 2 特別職

　特別職は、次のとおり地公法で**すべて列挙**されて
いる（3条3項）。

① **公選又は議会の選挙、議決、同意が必要な職**
　　例）議員、知事・市町村長、副知事・副市町村
　　長、教育長、選挙管理委員会や人事委員会など行
　　政委員会の委員

② **地方公営企業の管理者**及び企業団の企業長の職

③ 法令で設置する委員・委員会の構成員の職で臨
　　時又は非常勤のもの
　　例）**審議会委員**等

④ 臨時又は非常勤の**顧問、参与、調査員、嘱託員**

⑤ **長等の秘書**の職で条例で指定するもの
　　例）知事秘書、議長秘書等

4

⑥　その他（常勤の都道府県労働委員会委員、投票
管理者、非常勤の消防団員、特定地方独立行政法
人の役員等）

## 3　特別職は一般職とどこが違うか？

①　通常、**一般職は終身職**（定年まで勤務）である
が、**特別職には任期**（雇用期限）**がある**。なお、
**一般職でも任期が定められているものがある**（定
年前再任用短時間勤務職員（22条の4）、任期付
職員、会計年度任用職員（22条の2）、臨時的任
用職員（22条の3））。

②　**一般職は採用等について成績主義の原則が適用
される**が、**特別職は**、選挙などに基づき任用され
るため、**成績主義が必ずしも適用されない。**

③　**一般職には地公法の適用がある**が、**特別職に
は、原則として地公法の適用はない。**

## 4　間違いやすい記述の例

①　「一般職へは給料、特別職へは報酬を支給」
　　**常勤職員には給料を、非常勤職員には報酬を支
給すること**とされている（自治法203条、203条
の2、204条）ので、長や教育長のように特別職
でも給料を受ける場合がある。

②　「パートの職員は特別職だ。」
　　**地公法3条3項において示された職以外の職は
すべて一般職とされる。任期の長短や勤務時間の
長短は関係ない。**

次のA〜Eのうちから、地方公務員法に定める
特別職に属する公務員を選んだ場合の組み合わ
せとして妥当なのはどれか。

A　臨時又は非常勤の顧問、参与、調査員、嘱託員
B　警視正以上の階級にある警察官
C　議会事務局の職員
D　地方公営企業の管理者
E　教育長

1　A、C、D
2　A、D、E
3　B、C、D
4　B、D、E
5　C、D、E

### 解答

A　臨時又は非常勤の顧問、参与、調査員、嘱託員：
**特別職**の公務員である（3条3項）。

B　警視正以上の階級にある警察官：**国家公務員**である（警察法56条）。

C　議会事務局の職員：**一般職**の公務員である。

D　地方公営企業の管理者：**特別職**の公務員である（3条3項）。

E　教育長：**特別職**の公務員である（3条3項（地教行法4条））。


したがって、AとDとEが特別職の公務員となるので選択肢2が正解となる。

なお、設問や、解説のページに挙げたもの以外で、行政実例上、一般職や特別職に分類される職の例としては、次のようなものがある。

一般職
公民館館長（常勤のもの）〔昭26.3.30通知〕、公民館館長（非常勤のもの）〔平29.8.23通知〕

特別職
学校医（臨時又は非常勤のもの）〔昭26.2.6行実〕、民生委員（非常勤の特別職）〔昭26.4.26行実〕、スポーツ推進委員〔平30.10.18通知〕

地方公務員に該当しないもの
明るく正しい選挙推進協議会委員〔昭43.6.20行実〕


正答　2

## §2 任命権者

★★★

地方公務員法に定める任命権者に関する記述として、妥当なのはどれか。（主任）

1　地方公務員法は、任命権者として、地方公共団体の長、議会の議長、代表監査委員、公安委員会、労働委員会等を列挙している。

2　教育委員会の事務局の職員の任命権者は教育長であり、選挙管理委員会の事務局の職員の任命権者は選挙管理委員会事務局長である。

3　任命権者は、地方公務員法に列挙された者に限定され、その他の者が任命権者になることは認められていない。

4　地方公務員法は、任命権者の権限を任命権者に専属するものと定めており、その一部であっても、他の者に委任することはできない。

5　任命権者は、職員の任用等の人事行政の運営状況を、毎年、地方公共団体の長に対して報告しなければならない。

**解 答**

1 誤り。公安委員会ではなく、**警視総監及び道府県警察本部長**が列挙されている（6条1項）。なお、警視正以上の階級にある警察官以外の都道府県警察の職員は、警視総監又は警察本部長がそれぞれ都道府県公安委員会の意見を聴いて任免する（警察法55条3項）。

2 誤り。**教育委員会事務局職員の任命権者は教育委員会**であり、**選挙管理委員会事務局職員の任命権者は選挙管理委員会**である（6条1項、地教行法18条7項、自治法193条）。

3 誤り。地公法6条1項に列挙された**任命権者は例示**であると解されている。

4 誤り。**権限の一部を補助機関たる上級の公務員に委任**できる（6条2項）。

5 正しい。なお、地方公共団体の長は、各任命権者からの人事行政の運営の状況の報告を取りまとめ、その概要及び人事委員会（公平委員会）の業務の状況の報告を公表しなければならない（58条の2）。

正答　5

**解 説**

> **Point!** 各任命権者と職員との対応関係
> を押さえる。

## 1 任命権者の種類と対応関係

　　主なものを挙げると、以下のとおり。

| 職　　員 | 任命権者 |
|---|---|
| 副知事（副市町村長） | 長 |
| 会計管理者、出納員、会計職員 | 長 |
| 地方公営企業管理者 | 長 |
| 監査委員及び行政委員会の委員 | 長（※） |
| **教育長** | **長** |
| 教育委員会事務局、学校その他の教育機関の職員 | 教育委員会 |
| **議会の事務局職員** | **議会の議長** |
| 選挙管理委員会事務局の職員 | 選挙管理委員会 |
| **監査委員事務局の職員** | **代表監査委員** |
| 人事委員会・公平委員会事務局の職員 | 人事委員会・公平委員会 |
| **地方公営企業管理者の補助職員** | **地方公営企業管理者** |
| **労働委員会事務局の職員** | **長** |
| 警察官（警視正以上の階級にあるものを除く。） | 警視総監又は警察本部長 |

※ 公安委員会と都道府県労働委員会の委員は都道府
　県知事、公平委員会と農業委員会の委員は市町村長

## 2 任命権の内容

　　職員の任命、人事評価、休職、免職、懲戒等（6

条に例示）。その他、定年延長（28条の7）、定年前再任用短時間勤務職員の任用（22条の4）、営利企業等従事の許可（38条）等。

## 3　長の総合調整権

　　任命権者間の均衡を図るため、地方公共団体の長は、各委員会等の事務局の組織、定数、職員の身分取扱いについて委員会等に**勧告**できる。また、各委員会等が組織、職員の身分取扱い等の規則を制定改廃する場合には、**長への事前協議**が必要とされる（自治法180条の4）。

## 4　任命権の委任

　　任命権者は、**任命権の一部を補助機関である上級の地方公務員（特別職を含む。）に委任**できる（6条2項）。なお、権限をさらに委任する、いわゆる**復委任はできない**（昭27.1.25行実）。

※　委任が行われると、委任者の権限は受任者に移転

## 5　県費負担教職員の身分取扱い

　　市町村立の小中学校等に勤務する教職員（**県費負担教職員**）は、**市町村の職員**であるが、教育水準の維持向上の観点から給与を都道府県の負担とされるほか、身分取扱いも特例が定められている（地教行法37条〜47条の3）。

　　主な対応関係は以下のとおり。

| 任命権（採用等） | 都道府県教育委員会 |
|---|---|
| 定数・勤務条件 | 都道府県の条例で定める |
| 服　務　監　督 | 市町村教育委員会 |

次のA～Fのうちから、地方公共団体の職員と
その任命権者との組み合わせとして、正しいも
のを選んだ組み合わせはどれか。

A　出納員その他の会計職員 ： 会計管理者
B　教育委員会の事務局職員 ： 教育長
C　選挙管理委員会の事務局職員 ： 選挙管理委員会
D　労働委員会の事務局職員 ： 労働委員会
E　議会の事務局職員 ： 議会の議長
F　地方公営企業管理者の補助職員 ： 地方公営企業
　　　　　　　　　　　　　　　　　　　　管理者

1　A、B、C
2　A、C、F
3　B、D、E
4　B、D、F
5　C、E、F

解 答

　正しい組み合わせは、以下のとおりである。

A　出納員その他の会計職員 ： **長**
B　教育委員会の事務局職員 ： **教育委員会**（地教行
　　法18条7項）
C　選挙管理委員会の事務局職員 ： 選挙管理委員会
　　（自治法193条）
D　労働委員会の事務局職員 ： **長**（労働組合法19条
　　の12第6項）
E　議会の事務局職員 ： 議会の議長（自治法138条5
　　項）
F　地方公営企業管理者の補助職員 ： 地方公営企業
　　管理者（地公企法15条1項）

　したがって、正しい組み合わせはC、E、Fとな
るので選択肢5が正解となる。

正答　5

# §3 人事委員会・公平委員会

★★★

> 地方公務員法に定める人事委員会又は公平委員
> 会に関する記述として妥当なのは、次のどれか。
> （主任）

1  都道府県においては、必ず人事委員会を置くもの
   とされているが、政令指定都市においては、人事
   委員会又は公平委員会のいずれかを置くものとさ
   れている。

2  人事委員会は、複数の地方公共団体が共同して設
   置することができないが、公平委員会は、事務の
   簡素化・能率化のため、共同して設置することが
   できる。

3  人事委員会は、3人の委員をもって組織される合
   議制の機関であり、委員は、議会の同意を得て、
   地方公共団体の長が選任する。

4  人事委員会の委員は、強い身分保障が図られてお
   り、委員に就任した後は、その意に反して罷免さ
   れることはない。

5  公平委員会は、人事委員会と比較して権限の範囲
   が限定されており、行政的権限と準司法的権限を
   有するが、準立法的権限は有していない。

**解 答**

1　誤り。**人事委員会の設置が義務づけられているのは、都道府県及び政令指定都市**であり、指定都市以外の**人口15万人以上の市及び特別区は人事委員会又は公平委員会のいずれかを置くものとされている**（7条1項、2項）。

2　誤り。**人事委員会**についても、地方自治法上の機関の共同設置の規定に基づき、**複数の地方公共団体が共同して設置することができる**（自治法252条の7。例としては特別区人事委員会がある。なお、公平委員会の共同設置については、7条4項参照）。

3　正しい（9条の2第1項、2項）。

4　誤り。人事委員会の委員には、強い身分保障があるが、委員のうち2人以上が同一の政党に属することとなったとき、心身の故障のため、職務の遂行に耐えられないと認めるときなど、**特定の事由があるときは、長が議会の同意を得て委員をその意に反し罷免することができる**（9条の2第5項〜7項）。

5　誤り。**公平委員会**も、準立法的権限である**規則制定権を有している**（8条5項）。

正答　3

Point! 設置の要件、人事委員会と公平委員会の権限の違いなどをチェック

## 1 設置の要件

| 自治体の種別 | 人事委 | 公平委 |
|---|---|---|
| 都道府県・指定都市 | ○ | × |
| 市（人口15万人以上）及び特別区（※） | ○ | ○ |
| 市（人口15万人未満）町村 | × | ○ |
| 一部事務組合等の組合 | × | ○ |

○：設置する ×：設置できない

設置は条例による。（※）はいずれかを設置。

## 2 人事委員会、公平委員会の権限の違い（例）

| 権 限 | 性 質 | 人事委 | 公平委 |
|---|---|---|---|
| 規則の制定 | 準立法 | ○ | ○ |
| 勤務条件に関する措置要求の審査・判定 | 準司法 | ○ | ○ |
| 不利益処分に関する審査請求の裁決 | 準司法 | ○ | ○ |
| 人事行政の調査研究等 | 行 政 | ○ | × |
| 条例制定改廃の議会・長への意見申出 | 行 政 | ○ | × |
| 競争試験・選考の実施 | 行 政 | ○ | （○） |
| 採用候補者名簿の作成 | 行 政 | ○ | （○） |
| 条件付採用の期間延長 | 行 政 | ○ | × |
| 臨時的任用の承認 | 行 政 | ○ | × |
| 給料表に関する議会・長への勧告（給与勧告） | 行 政 | ○ | × |
| 人事行政運営等に関する任命権者への勧告 | 行 政 | ○ | × |
| 人事管理上の苦情処理 | 行 政 | ○ | ○ |

| 管理職員等の範囲の決定 | 行　政 | ○ | ○ |
| 職員団体の登録等 | 行　政 | ○ | ○ |
| 再就職規制の調査要求 | 行　政 | ○ | ○ |

○：権限あり　×：権限なし　（○）：条例を定めれば○

※　人事委員会・公平委員会は、権限行使に当たり**証人喚問・書類提出の要求**が可能（8条6項）。

## 3　人事委員会・公平委員会の委員及び議事

①　構成：3人の委員をもって組織（**合議制**）

②　選任：議会の同意を得て長が選任。**任期は4年**

③　身分保障：一定の事由（※）を除いて、在任中、**本人の意に反して罷免**されることがない。

（※）①心身の故障、②非行、③同一政党への所属（①〜③に該当した場合は議会の同意を得て長が委員を罷免）、④欠格条項該当（当然失職）

④　議事：委員3人全員の出席が**会議開催の要件**（ただし、特例的に2人の出席で会議が開ける場合がある）。議事は**出席委員の過半数**で議決。

## 4　その他よく出る事項

①　給与勧告（26条）　※**人事委員会のみ**

**毎年少なくとも1回**、給料表が適当か長及び議会に報告し、給料額の**増減**を勧告できる。

②　共同設置・事務委託（7条、自治法252条の7）

人事委員会（自治法252条の7）、公平委員会（7条）とも、**規約**により、**他の自治体との共同設置**が可能。公平委員会は、**規約**により、他の自治体の**人事委員会**へ公平委員会の**事務の委託**が可能。

地方公務員法に規定する人事委員会又は公平委
員会の権限に関する記述として、妥当なのはど
れか。

1　人事委員会又は公平委員会は、職員に関する条例
の制定又は改廃に関し、地方公共団体の長に意見を
申し出ることはできるが、地方公共団体の議会に意
見を申し出ることはできない。

2　人事委員会又は公平委員会は、人事行政に関する
技術的及び専門的な知識、資料その他の便宜の授受
のために協定を結ぶことができるが、それは国又は
他の地方公共団体の機関との間に限られる。

3　人事委員会又は公平委員会は、法律又は条例に基
づくその権限の行使に関し必要があると認めるとき
は、証人を喚問し、又は書類若しくはその写しの提
出を求めることができる。

4　人事委員会又は公平委員会は、職員の給与、勤務
時間その他の勤務条件に関する措置の要求を審査
し、判定することはできるが、必要な措置を執るこ
とはできない。

5　人事委員会又は公平委員会は、職員に対する不利
益な処分についての審査請求に対する裁決につい
て、その委員又は事務局長に委任することができ
る。

18

解　答

1　誤り。人事委員会にのみ認められた権限である。人事委員会は、**人事機関及び職員に関する条例の制定又は改廃に関し、議会及び長に意見を申し出る**ことができる（8条1項3号）。

2　誤り。人事委員会又は公平委員会は、**国、他の地方公共団体の機関**だけでなく、**特定地方独立行政法人**との間にも協定を結ぶことができる（8条7項）。

3　正しい（8条6項）。

4　誤り。人事委員会又は公平委員会は、職員の勤務条件に関する**措置の要求を審査**し、**判定**し、及び**必要な措置を執る**ことができる（8条1項9項、8条2項1号）。

5　誤り。人事委員会又は公平委員会は、**審査請求に対する裁決を除き、審査に関する事務の一部を委員又は事務局長に委任**することができる（50条2項）。

正答　3

**類題**

> 地方公務員法に規定する人事委員会又は公平委員会の委員に関する記述として、妥当なのはどれか。(区管試)

1　人事委員会又は公平委員会の委員がある政党に加入した結果、委員のうち2人以上が同一の政党に属することになった場合においては、地方公共団体の長が、政党所属関係について異動のなかった委員を罷免するものとする。

2　人事委員会又は公平委員会の委員は、人格が高潔で、地方自治の本旨及び民主的で能率的な事務の処理に理解があり、かつ、人事行政に関し識見を有する者のうちから、議会の同意を得て、地方公共団体の長が選任する。

3　非常勤の人事委員会の委員の服務については、地方公務員法に規定する一般職に対する服務のうち、営利企業等の従事制限の規定は準用されないが、その他の服務の規定はすべて準用される。

4　人事委員会の委員が心身の故障のため職務の遂行に堪えないと認めるとき、地方公共団体の長は、議会の同意を得て当該委員を罷免することができるが、この場合、議会の常任委員会又は特別委員会において公聴会を開く必要はない。

5　人事委員会の委員について、常勤とするか非常勤とするかは地方公共団体の判断に任せられ、その全てを常勤とすること、あるいは非常勤とすることはできるが、委員の一部を常勤とすることはできない。

**解 答**

1 誤り。**委員のうち2人以上が同一の政党に属する
 ことになった場合**においては、これらのうち一人を
 除く他の者は、地方公共団体の長が議会の同意を得
 て罷免するものとされるが、**政党所属関係について
 異動のなかった者を罷免することはできない**（9条
 の2第5項）。

2 正しい（9条の2第2項）。

3 誤り。常勤の人事委員会の委員には、職員の服務
 に関するすべての規定が準用されているが、**非常勤
 の人事委員会及び公平委員会の委員には、職務専念
 義務と営利企業等の従事制限を除く職員の服務に関
 する規定が準用されている**（9条の2第12項）。

4 誤り。人事委員会の委員が、**①心身の故障のため
 に職務の遂行に堪えないとき、②職務上の義務違反
 その他委員たるに適しない非行があるときは**、議会
 の同意を得て罷免することができるが、**議会の常任
 委員会又は特別委員会で公聴会を開かなければなら
 ない**（9条の2第6項）。

5 誤り。**人事委員会の委員は、常勤又は非常勤とさ
 れ、設問のような制限はない**（9条の2第11項）。

正答 2

# §4 任用

> 地方公務員法に定める任用上の原則に関する記述として、妥当なのはどれか。（主任）

1　成績主義の原則は、任用の根本基準とされ、これに反して任用を行った者については、罰則がある。

2　成績主義の原則は、一般職か特別職かの相違にかかわらず、すべての地方公務員に必ず適用される。

3　成績主義の原則にいう能力の実証とは、受験成績や勤務成績により能力の有無及び程度を現実に証明することであり、勤務経験や学歴は能力の実証の対象外である。

4　平等取り扱いの原則は、任用の根本基準とされ、日本国籍を有していない者に対しても当然に適用される。

5　平等取り扱いの原則の例外として、職員団体に加入し、その活動を行ったときには、その活動が適法な場合においても、任用に際して不利益な取り扱いを受けることがある。

1　正しい。**成績主義の原則を違反して任用を行った**者に対しては、**地公法上の罰則規定の適用**がある（61条2号）。

2　誤り。**特別職**は、住民の選挙や議会の議決、任命権者の特別の信任、特別の知識経験などの事由に基づいて任用される職であり、**成績主義の原則が必ずしも適用されない**。

3　誤り。職員の任用は、「受験成績、人事評価その他能力の実証に基づいて」行われなければならないが、「その他能力の実証」の中には医師や教員などの**免許、国家資格、特定の学歴や経歴なども含**まれる。

4　誤り。「任用の根本基準」とは**成績主義の原則を**指す言葉である。また、平等取り扱いの原則を定めた地公法第13条の「**すべて国民**」の中には、**外国人は含まれない**（昭28.8.15行実）。

5　誤り。**職員団体の結成及び加入、適法な活動に対する不利益取り扱いの禁止は地公法上に明記**されている（56条）。

正答　1

**Point!** 採用・昇任に関する人事委員会
と任命権者との関係を押さえる。

## 1 任用の仕組み

　任用とは、任命権者が特定の人を特定の職に就け
ることをいう。職員の任用は、受験成績、人事評価
その他の能力（免許、勤務経歴、学歴等）の実証に
基づいて行わなければならない（**成績主義の原則**。
15条）。※違反した場合は罰則あり。

　**任命権者**は、職に欠員が生じた場合には、**採用、
昇任、降任又は転任のいずれかの方法で職員を任命
できる**（17条1項）。

　**人事委員会**（競争試験等を行う公平委員会を含
む。以下同じ）は、任命の方法のうちのいずれによ
るべきかについての**一般的基準を定めることができ
る**（17条2項）。

## 2 採用の方法

　職員の採用は、人事委員会を置く団体は**競争試験**
による。ただし、**人事委員会規則で定める場合は選
考（競争試験以外の試験）も可**（17条の2）。採用
のための競争試験（採用試験）又は選考は、**採用す
る職の標準職務遂行能力及び当該職についての適性
を判定する目的で人事委員会が実施**。ただし、他団
体との**共同実施**や国・他団体への**委託**も可（18条）。

① **採用試験**

　採用試験は、筆記試験その他の**人事委員会（人事委員会を置かない団体は任命権者。以下、人事委員会等）が定める方法**により行う。人事委員会を置く団体は、人事委員会が採用候補者名簿（合格点以上の氏名・得点）を作成。任命権者が、**採用候補者名簿**の中から採用（21条）。

② **選考**

　任命権者が、**人事委員会等が実施する選考に合格した者**の中から採用（21条の2）。

## 3　昇任の方法

　**任命権者**が、職員の受験成績、人事評価その他の能力の実証に基づき、**任命しようとする職の標準職務遂行能力及び当該職についての適性を有すると認められる者の中から実施**。ただし、**人事委員会規則で定める職**（人事委員会を置かない団体は任命権者が定める職）**に昇任させる場合には、昇任のための競争試験（昇任試験）又は選考が必要**。昇任試験は、人事委員会等の指定する職に正式に任用された職員に限り受験可（21条の3他）。

## 4　降任・転任の方法

　**降任させる場合は、任命権者が人事評価その他の能力の実証に基づき、任命しようとする職の標準職務遂行能力及び当該職についての適性を有すると認められる職に任命**。転任はこれらを有すると認められる者の中から実施（21条の5）。

**類 題**

地方公務員法に定める職員の任用に関する記述として、妥当なのはどれか。(主任)

1　欠格条項に該当する者は、職員になることはできないが、職員を採用するための競争試験又は選考を受験することはできる。

2　人事委員会を置く地方公共団体は、原則として、職員の採用は競争試験により実施し、職員の昇任は選考により実施しなければならない。

3　人事委員会は、国若しくは他の地方公共団体の機関との協定によりこれらの機関に委託して、競争試験又は選考を行うことができる。

4　人事委員会は、平等公開の原則により、競争試験において定めた合格基準をすべての者に対して平等に公開しなければならない。

5　人事委員会を置く地方公共団体は、職員の採用試験については、必ず筆記試験及び口頭試問をあわせ用いる方法により実施しなければならない。

1　誤り。欠格条項に該当する場合は、職員となることができないし、**競争試験又は選考を受けることもできない**（16条）。

2　誤り。**人事委員会を置く地方公共団体の採用は、原則として競争試験（採用試験）により行う**が、人事委員会規則で定める場合には選考により行う（17条の2）。**昇任は、任命権者が、職員の受験成績、人事評価その他の能力実証に基づき、標準職務遂行能力や適性を有する者の中から行う**（21条の3）。ただし、**人事委員会規則で定める職への昇任は、競争試験（昇任試験）又は選考を行う**（21条の4）。

3　正しい（18条）。

4　誤り。採用試験は、受験資格を有するすべての国民に対して平等の条件で公開されなければならないが（18条の2）、設問のような定めはない。

5　誤り。職員の採用試験は、**筆記試験その他の人事委員会等が定める方法**により行う（20条2項）。

正答　3

# §5 欠格条項

★★★

地方公務員法に定める欠格条項に関する記述として妥当なのは、次のどれか。ただし、条例による特別の定めはないものとする。(主任)

1  成年被後見人及び被保佐人は、条例で定める場合を除くほか、どちらも地方公共団体の一般職の職員となり、又は競争試験若しくは選考を受けることができない。

2  法は、禁錮以上の刑に処せられた者は、その執行を受けることがなくなった後も地方公共団体の職員となることはできないとしている。

3  法は、一の地方公共団体で分限免職の処分を受けた者は、他の地方公共団体の職員となることはできないとしている。

4  法は、一の地方公共団体で懲戒免職の処分を受け、その処分の日から2年を経過しない者は、当該地方公共団体の職員となることはできないとしている。

5  法は、憲法の下に成立した政府を暴力で破壊することを主張する政党を結成した者は、地方公共団体の職員となることができないが、当該政党に加入しただけの者は職員となることができるとしている。

**解　答**

1　誤り。令和元年の地方公務員法改正により、**成年被後見人及び被保佐人であることを欠格事由とする規定は削除**された。

2　誤り。法は、「**その執行を受けることがなくなるまで**」と規定しており、刑の執行を受けることがなくなれば、制度上は地方公共団体の職員となることが可能である（16条1号）。

3　誤り。**分限免職処分を受けた者に対する欠格条項の規定はない**（なお、懲戒免職処分を受けた職員の取扱いについて、選択肢4参照）。

4　正しい（16条2号）。

5　誤り。法律は、「**結成し又は加入した者**」となっており、憲法の下に成立した政府を暴力で破壊することを主張する政党を結成した者だけでなく、当該政党に加入した者も職員となることができない（16条4号）。

正答　4

**Point !** 欠格条項の類型、該当した場合の効果などを押さえる。

## 1 欠格条項の類型(16条)

① 禁錮以上の刑を執行中あるいは執行猶予中の者

② 当該地方公共団体で懲戒免職処分を受け、その免職処分の日から2年を経過しない者

③ 人事委員会・公平委員会の委員で地公法の罰則規定に該当する罪を犯して刑に処せられた者

④ 政府を暴力で破壊することを主張する政党等の団体を結成し又はこれに加入した者、の4つ(16条各号)

※ 欠格条項該当者と間違いやすい例として、破産宣告者がある。

※ よく、④のケースについて「政党等の結成には参加せず、単に加入しただけの者」「以前加入していたが、既に当該団体を脱退している者」「当該団体が破壊活動防止法に該当しない場合」といったような条件が付いている設問を見かける。いずれも、これらの条件に該当すれば例外的に欠格条項にあたらない、とするパターンの出題であるが、地公法上このような例外は一切規定されていない。例え上のような条件に当てはまるとしても、いずれの場合も欠格条項には該当するので注意(欠格条項について唯一例外が認められるのは、条

30

例に特別の定めがある場合（下記→2の※参照）のみ、と覚えておくとよい）。

## 2　欠格条項に該当するとどうなるか？

①　職員である者が欠格条項に該当した場合、**当然に職を失う**（当然失職なので、**免職処分の発令等の必要はない**）。

②　職員になろうとする者が欠格条項に該当する場合、**競争試験・選考を受けられない**。

※　ただし地方公共団体は、**条例で、上の2つについて特例**を定めることができる。

## 3　その他よく出る事項

①　当該地方公共団体で懲戒処分を受け、処分の日から2年を経過していない者であっても、**他の地方公共団体の職員**にはなることができる。

②　欠格条項該当者の採用は当然無効だが、**この間該当者が行った行為は有効**となる（事実上の公務員の理論）。また、この間支払われた**給与**については、労務の提供があるので、**返還の必要なし**。

地方公務員法に定める欠格条項に関する記述として妥当なのは、次のどれか。

1 欠格条項に該当する者を誤って地方公共団体の職員として採用した場合、その任用は当然に無効であり、その者に支払われた給料については不当利得であるので、返還されなければならない。

2 破産手続開始の決定を受けた者は、職員として採用することはできず、職員となった後にこの決定を受けた者は、その職を失う。

3 欠格条項に該当する者は、職員となることや競争試験・選考を受けることができず、現に職員である者が欠格条項に該当するに至ったときは、条例に特別の定めがある場合を除き、任命権者による処分を要することなく失職する。

4 人事委員会又は公平委員会の委員が、勤務条件に関する措置要求の申し出を故意に妨げて刑に処された場合であっても、罰金刑であれば欠格条項には該当しないので、当該委員はその職を失わない。

5 禁錮以上の刑に処せられ、その刑の執行猶予中の者は、欠格条項に該当するため、任命権者は、その者を誤って採用した場合、直ちにその者を免職しなければならない。

**解 答**

1　誤り。欠格条項該当者の任用は当然無効であるが、採用後のその者の行った行為は、事実上の公務員の理論により有効である。また、その者に支払われた**給料については、その間労務の提供があるので、返還の必要はない**（昭41.3.31行実）。

2　誤り。**破産宣告者については欠格条項には該当しない**。

3　正しい。**欠格条項に該当する場合は当然失職**となるので、**任命権者による免職処分等の行為は特に必要ない**。

4　誤り。**人事委員会又は公平委員会の委員の職にある者が、地公法に規定する罰則を受けた場合は、刑の軽重に関係なく、すべて欠格条項に該当する**（16条3号）。従って、罰金刑の場合であっても、当該委員は失職することになる。

5　誤り。選択肢3の解説参照。欠格条項該当者の採用は当然無効であるので、**任命権者の処分を要することなく失職する**。

正答　3

# §6 条件付採用・臨時的任用

★★★

> 条件附採用又は臨時的任用に関する記述として、地方公務員法上、妥当なのはどれか。(区管試)

1 条件附採用期間中の職員及び臨時的に任用された職員については、地方公務員法上の分限に関する規定は適用されないが、これらの職員の分限については、条例で必要な事項を定めることができる。

2 人事委員会を置く地方公共団体の条件附採用期間中の職員は、人事委員会に対し勤務条件に関する措置要求を行うことができるが、不利益処分の取消しを行政訴訟によって争うことはできない。

3 人事委員会を置く地方公共団体の任命権者は、人事委員会規則で定めるところにより、緊急の場合には、人事委員会の承認を得なくとも、6か月を超えない期間で臨時的任用を行うことができる。

4 臨時的に任用された職員が、6か月以上の臨時的任用期間を終えた後、引き続き任用される場合には、条件附採用期間を経ることなく、直ちに正式採用となる。

5 条件附採用期間は、職員を採用してから原則として6か月であるが、職員の能力実証が得られないときは、人事委員会を置く地方公共団体の任命権者は、この期間を1年に至るまで延長することができる。

**解 答**

1 正しい（29条の2第2項参照）。

2 誤り。**条件付採用期間中の職員は、不利益処分に
 関する審査請求を行うことができないが**（29条の2
 第1項）、処分の**取消訴訟を提起することはできる**
 と解されている。

3 誤り。緊急の場合であっても、**人事委員会の承認
 を得る必要が**ある（22条の3第1項）。

4 誤り。臨時的任用は、正式任用について、**いかな
 る優先権も認められるものではない**（22条の3第5
 項）。従って、臨時的に任用された職員を正式任用
 しようとするときには、競争試験又は選考を行う
 必要があり、それに合格した場合、**改めて条件付
 採用期間を経た上で正式任用**されることとなる。

5 誤り。人事委員会を置く地方公共団体（人事委員
 会を置かない団体は、任命権者）においては、**人事
 委員会は条件付採用期間を1年に至るまで延長する**
 ことができる（22条）。

正答　1

（補足）法改正により「条件附採用」から「条件
付採用」に表記が変更されている。過去問につい
ては、旧表記のままとした。

> **解 説**

Point！　要件、効果、一般職員との身分
取扱いの相違点などを押さえる。

1　条件付採用（22条）

①　採用されたときから6か月間（※）、職務を良
好な成績で遂行したときに本採用となる。**労基法
に定める「試の使用期間」に相当。**

※　人事委員会（人事委員会がない地方公共団体は
任命権者→17条の2第3項参照）は1年に至るまで
期間の延長可能。但し6か月以下に期間を短縮す
ること、1年以上の期間の延長は不可。

②　正式採用にあたり、別段の通知、発令行為等は
必要としない（定められた期間を良好な成績で勤
務すれば、自動的に正式採用となる）。

③　原則として正式採用された職員と同じ身分取扱
い（例外：右ページの表参照）。

④　条件付採用制度の適用が除外される職員
主なものとして、臨時的任用職員、定年前再任用短時
間勤務職員（22条の4第6項）、派遣法の退職派遣期間
が満了して、再び採用された職員（派遣法10条5項）。

2　臨時的任用（22条の3）

臨時的任用が行える場合として、常時勤務を要す
る職に欠員を生じた場合において、（ア）緊急の場
合、（イ）臨時の職に関する場合、（ウ）採用候補
者名簿・昇任候補者名簿がない場合、の3つがある。

（ウ）については人事委員会を置く地方公共団体のみ。
期間：原則6か月を超えない範囲。1回だけ6か月を
超えない期間で更新可能（再度更新不可）。

※　臨時的任用職員の身分は条件付採用とほぼ同
じ。正式任用に際し、**いかなる優先権もなし。**
任用手続：**人事委員会の承認**（※）が必要（人事
委員会を置かない市町村は任命権者の判断）。

※　個々の職員についての承認ではなく、臨時的任用を
行おうとする**職についての承認**とされる（昭31.9.17
行実）。なお**人事委員会**は、臨時的に任用される者の資
格要件を定めそれに反する臨時的任用を取り消せる。

## 3　条件付採用・臨時的任用職員の身分取扱い

| 事　　　　項 | 条件付採用 | 臨時的任用 |
|---|---|---|
| 分限制度（※1） | × | × |
| 懲戒制度 | ○ | ○ |
| 職・給与の決定 | ○ | ○ |
| 転任・昇任（※2） | ○ | × |
| 勤務条件に関する措置要求 | ○ | ○ |
| 不利益処分に係る審査請求 | × | × |
| 職員団体への加入 | ○ | ○ |

　　　　　　○：地公法適用　　×：地公法の適用なし

※1 **法律の要件によらずに**（裁量でも）**免職等ができ
る。**これらの職員の分限については、**条例で必要な
事項**を定めることができる。

※2　昇任については考える余地がほとんどない。
転任前後の条件付採用の期間は**通算**される（合わせ
て原則6か月）。

**類 題**

> 地方公務員法に定める条件付採用又は臨時的任
> 用に関する記述として妥当なのは、次のどれか。

1　臨時的任用は、人事委員会を置かない地方公共団
　体においては行うことができず、当該団体に欠員
　が生じたときであってもこれを行うことができな
　い。

2　職員の採用は、非常勤職員を除き、すべて条件付
　のものとし、その職員が条件付採用の期間中その
　職務を良好な成績で遂行したときに、採用時に遡っ
　て正式採用となる。

3　条件付採用期間中の職員は、6か月間が条件付採用
　の期間とされているが、任命権者が特に認めた場
　合には、この期間は短縮される。

4　条件付採用期間中の職員は、その期間を経過した
　後に正式採用されるには、任命権者による別段の
　発令行為が必要と解されている。

5　条件付採用期間中の職員については、地方公務員
　法に定める身分保障に関する規定の適用はないが、
　地方公共団体は、条例により、条件付採用期間中
　の職員の分限について必要な事項を定めることが
　できる。

**解 答**

1 誤り。**人事委員会を置かない地方公共団体**においては、**緊急の場合又は臨時の職に関する場合は、任命権者が臨時的任用を行うことができる**（22条の2第1項）。

2 誤り。会計年度任用職員についても、**条件付採用の規定が適用される**。また、職員が正式採用となるのは、条件付採用期間経過後の時点であり、**採用時に遡って、正式採用となるわけではない**（22条）。

3 誤り。条件付採用の期間は、**人事委員会（人事委員会を置かない地方公共団体においては任命権者）がこれを1年に至るまで延長することができる**が、**期間を6か月よりも短縮することはできない**。

4 誤り。条件付採用期間が経過した後に職員を正式採用するにあたり、**任命権者による別段の通知又は発令行為は必要とされていない**。

5 正しい。**条件付採用期間中の職員及び臨時的任用の職員の分限については、条例で必要な事項を定めることができる**（29条の2第2項）。

正答　5

**類 題**

> 地方公務員法に定める条件附採用又は臨時的任
> 用に関する記述として、妥当なのはどれか。

1　職員は、条件附採用の期間その職務を良好な成績
　で遂行したときに正式採用になるが、条件附採用
　の期間は、労基法に規定する試の使用期間ではない。
2　臨時的任用職員は、職員団体に加入することは認
　められているが、勤務条件の措置要求や不利益処分
　に対する審査請求を行うことができない。
3　人事委員会を置く地方公共団体の任命権者は、臨
　時的任用を行う場合、人事委員会規則で定めるとこ
　ろにより、臨時的任用を行おうとする職員個々につ
　いて当該人事委員会の承認を得なければならない。
4　最高裁判所の判例では、町村合併による新町の発
　足により、従前の旧町村の正式職員であった者が、
　新たに新町の職員として任用された場合は、条件
　附採用となり、身分保障を失うに至るとしている。
5　最高裁判所の判例では、条件附採用制度は、職員
　を正式採用するか否かを決する最終段階での選択
　方法としてとられていることに鑑みれば、適格性
　の有無の判断について正式採用職員の場合に比し
　て任命権者により広い裁量権が与えられるが、そ
　れは純然たる自由裁量ではないとしている。

1　誤り。地公法22条に規定する条件付採用期間は、**労基法21条4号に規定する「試の使用期間」と解す**べきである（昭38.11.4行実）とされている。

2　誤り。**臨時的任用職員も勤務条件の措置要求や職員団体に加入**することができる（22条の3第6項）。ただし、**不利益処分に対する審査請求を行うことはできない**（29条の2第1項）。

3　誤り。人事委員会の承認とは、臨時的任用を行おうとする**職についての承認**であって、臨時的任用を行おうとする**職員個々についての承認ではない**（昭31.9.17行実）。

4　誤り。最高裁判例は、設問のケースについて、当該職員に対して**条件付採用の規定が適用されて身分保障を失うように解すべきではない**としている（最判昭35.7.21）。

5　正しい。最高裁判例のとおりである。加えて最高裁は、**条件付採用職員の分限事由**については、**客観的に合理的な事由が存し、社会通念上相当と**されるものであることを要するとしている（最判昭53.6.23）。

正答　5

# §7 会計年度任用職員

> 地方公務員法に規定する会計年度任用職員に関する記述として、妥当なものはどれか。（区管試）

1 人事委員会を置かない地方公共団体における会計年度任用職員の採用は、競争試験によらなければならず、競争試験以外の能力の実証に基づく試験によることはできない。

2 会計年度任用職員の採用は、全て条件付のものであり、当該会計年度任用職員がその職において6月を勤務し、その間その職務を良好な成績で遂行するまでの間は、正式採用にならない。

3 任命権者は、会計年度任用職員の任期が、その採用の日から同日の属する会計年度の末日までの期間に満たない場合でも、当該期間の範囲内において、その任期を更新することができない。

4 任命権者は、会計年度任用職員のうち、その1週間当たりの通常の勤務時間が常時勤務を要する職を占める職員の1週間当たりの通常の勤務時間と同一の時間であるものの執務について、人事評価を行う必要はない。

5 会計年度任用職員のうち、その1週間当たりの通常の勤務時間が常時勤務を要する職を占める職員の1週間当たりの通常の勤務時間に比し短い時間であるものには、営利企業への従事等の制限は適用されない。

1　誤り。人事委員会を置く地方公共団体であるか否かに関わらず、会計年度任用職員の採用は、競争試験又は選考のいずれによることもできる（22条の2第1項）。

2　誤り。会計年度任用職員の採用が全て条件付ものであることは正しいが、その期間は「1月」とされている（22条の2第7項）。

3　誤り。任命権者は、会計年度任用職員の任期が採用の日の属する会計年度の末日までの期間に満たない場合には、当該会計年度任用職員の勤務実績を考慮した上で、当該期間の範囲内において、その任期を更新することができる（22条の2第4項）。

4　誤り。職員の人事評価は、会計年度任用職員を含む一般職の職員が対象とされている（23条1項）。任期の長短や、フルタイムかパートタイムかを問わない。

5　正しい。非常勤職員（短時間勤務の職を占める職員及びフルタイムの会計年度任用職員を除く。）については、営利企業への従事制限の対象外とされている（38条1項）。

正答　5

解 説

> **Point!** 常時勤務を要する職員との違い
> や、フルタイムとパートタイムの2種類が
> いることを押さえる。

## 1 法改正の概要

　平成29年に、地方自治法及び地方公務員法が改正
された（施行は令和2年4月1日）。この改正により、
一般職の会計年度任用職員制度を創設し、任用、服
務規律等の整備を図るとともに、特別職非常勤職員
及び臨時的任用職員の任用要件の厳格化が図られた。

## 2 会計年度任用職員の種類

　会計年度任用職員は週当たりの勤務時間によって
パートタイムの会計年度任用職員とフルタイムの会
計年度任用職員の2種類に分けられる。

| | パートタイムの<br>会計年度任用職員 | フルタイムの<br>会計年度任用職員 |
|---|---|---|
| 根拠規定 | 地公法22条の2第1項第1号 | 地公法22条の2第1項第2号 |
| 1週間当たりの通常の勤務時間 | 常時勤務を要する職を占める職員の1週間当たりの通常の勤務時間に比し短い時間 | 常時勤務を要する職を占める職員の1週間当たりの通常の勤務時間と同一の時間 |
| 給付 | **報酬、費用弁償及び期末手当**（自治法203条の2) | **給料、旅費、一定の手当**（自治法204条) |

　(注) フルタイムの会計年度任用職員は、常時勤務を要する
職を占める職員と勤務時間が同じであるが、常勤職員ではな
く非常勤職員であることに注意。

## 3　会計年度任用職員の任用（22条の2）

①　会計年度任用職員は、**競争試験又は選考により採用**する。

②　**条件付採用の期間**は、常時勤務を要する職員の場合と異なり、**1月**である。

③　任期は、採用の日から、採用の日が属する会計年度の末日までの期間の範囲内で任命権者が定めることとされ、任期が年度末に満たない場合には、当該会計年度任用職員の勤務実績を考慮した上で、年度末までの範囲内において、その任期を更新することができる。

④　会計年度任用職員は一般職の職員であるため、常時勤務を要する職員と同様に**地方公務員法の服務関係規定が適用**されるが、営利企業への従事制限については、パートタイムの会計年度任用職員については**適用除外**とされている（38条1項）。

## 4　会計年度任用職員への給付（自治法203条の2、204条）

従来の非常勤職員に対しては、報酬と費用弁償のみ支給することが可能であったが、**会計年度任用職員に対しては期末手当も支給することができるようになった。また、フルタイムの会計年度任用職員に対しては、給料、旅費のほか、一定の手当も支給**が可能である。

（補足）　令和5年の地方自治法改正により、会計年度任用職員に対して勤勉手当の支給が可能となる規定が盛り込まれた。なお、施行は令和6年4月の予定である。

# §8 分限

★★★

地方公務員法に定める分限に関する記述として、
妥当なのはどれか。（主任）

1　職員は、法律に定める事由による場合でなければ
免職処分を受けることはなく、また、法律又は条例
に定める事由による場合でなければ降任処分を受け
ることはない。

2　職員は、降任処分を受けたことに伴って給料が下
がった場合、分限処分としての降任処分と降給処分
を同時に受けたものとみなされる。

3　地方公務員法は、職員が免職処分されることがあ
る場合の事由として、心身の故障のため、長期の休
養を要する場合を定めており、長期の休養を要する
かどうかの判断は、必ず医師の診断に基づいて行う
こととされている。

4　任命権者は、許可を受けて職員団体の業務にもっ
ぱら従事している職員が刑事事件に関し起訴された
場合、休職処分を行うことができる。

5　任命権者は、職制若しくは定数の改廃又は予算の
減少による廃職又は過員を生じた場合、その意に反
して職員を降任することができるが、職員の同意が
なければ免職することはできない。

**解答**

1 誤り。**降任処分及び免職処分**は、**法律（地公法）で定める事由**による場合に限られる。なお、**休職処分は、法律（地公法）又は条例で定める事由、降給処分は条例で定める事由**に限られる（27条2項）。

2 誤り。**降任処分に伴い給料が下がることは降給処分ではない**とされる（昭28.2.23行実）。

3 誤り。「**心身の故障のため、長期の休養を要する場合**」は休職処分の要件である。**免職処分の要件は、「心身の故障のため、職務の遂行に支障があり、又はこれに堪えない場合」**である（28条1項2号、28条2項1号）。

4 正しい（28条2項2号）。なお、在籍専従職員は職員としての身分を有するので、任命権者は懲戒及び分限の権限を有する。

5 誤り。**職制若しくは定数の改廃又は予算の減少により廃職又は過員が生じた場合**には、職員の意に反して**降任処分又は免職処分**ができる（28条1項4号）。

正答 4

> **Point!** 分限・懲戒も似て非なる制度。
> 両者の具体的な違いは？（両者を対比し
> ながら覚えよう）

## 1 分限と懲戒、この似て非なるもの

分限と懲戒の特徴を整理すると、以下のとおり。

| | 種 別 | 法 律 | 条 例 | 処 分 事 由 |
|---|---|---|---|---|
| 分限 | 免職 | ○ | × | ・勤務成績不良<br>・心身の故障<br>・職に必要な適格性欠如 |
| | 降任 | ○ | × | ・職制、定数の改廃、予算減少による過員・廃職 |
| | 休職 | ○ | ○ | ・心身の故障<br>・刑事事件に関し起訴<br>・条例に定める事由 |
| | 降給 | × | ○ | ・条例に定める事由 |
| 懲戒 | 免職 | ○ | × | ・法令違反<br>・職務上の義務違反<br>・職務を怠る行為<br>・全体の奉仕者たるにふさわしくない非行 |
| | 停職 | ○ | × | |
| | 減給 | ○ | × | |
| | 戒告 | ○ | × | |

○：処分事由を規定（できる）　×：規定できない

## 2 分限とは？（28条）

① 目的：**公務能率の維持**（不適格職員の排除）→
懲戒と異なり、**制裁的な意味はない。**

48

② 性質：本人の**意に反する処分**である（自らの申し出による降任などは、分限処分に該当しない）。

③ 種類：**免職、降任、休職、降給**の4つ（「停職」や「減給」とそれぞれ混同しないこと）。

④ 適用除外：**条件付採用・臨時的任用の職員**には、分限制度は**適用されない**（身分保障の規定が適用されないので、**表に挙げた理由以外でも任命権者の裁量で免職等ができる**、という意味）。

⑤ 事由：表のとおり。

**免職・降任は法定事由**→法律に規定する理由以外で、意に反して免職・降任されることはない。

※ **欠格条項**（→§5）の事由と混同しないこと。似ているので、よくひっかけ問題で出る。


## 3 分限の手続き・効果

① 分限処分にあたっては、不利益処分に関する**説明書の交付**（49条）が必要。ただし、**説明書の交付は、分限処分自体の成立とは無関係**。

② **過去に遡って、分限免職を行うことは不可能**。

③ **分限休職と降任を併せて行うことは可能**。

④ 分限処分の際にも、**労基法の諸規定**（解雇予告、解雇制限等→§37「解雇」）の適用がある。

⑤ 分限処分の**手続き及び効果**は、別に法律の定めがあるものを除き、**条例で定める**。


## 4 その他

県費負担教職員に対する分限の特例（都道府県職員への勤務替え）について、地教行法47条の2参照。

**類　題**

地方公務員法に規定する分限処分に関する記述と
して、妥当なのはどれか。(区管試)

1　職員の意に反する降任、休職及び降給の手続及び
　効果は、条例に特別の定めがある場合を除くほか、
　人事委員会規則で定めなければならない。

2　任命権者は、職員が、心身の故障のため長期の休
　養を要する場合においては、その意に反して、当該
　職員を降任し、又は免職することができる。

3　任命権者は、収賄事件で起訴された職員に対して、
　分限休職と分限降任の二つの処分を併せて行うこと
　はできない。

4　職員は、条例で定める事由による場合であれば、
　その意に反して、降任されることがある。

5　職員が採用される以前に刑事事件に関し起訴され
　ているにもかかわらず、その事実を知らずに採用
　し、後において起訴の事実を知った任命権者は、当
　該職員を休職処分にすることができる。

50

1　誤り。**降任、免職、休職及び降給の手続及び効果**は、法律に特別の定めがある場合を除くほか、**条例で定めなければならない**（28条3項）。

2　誤り。**心身の故障のため、長期の休養を要する場合は、休職にすることができる**（28条2項1号）。

〔参考〕分限処分の法定事由（28条1項、2項）

| 降任・免職 | ①人事評価又は勤務の状況を示す事実に照らして勤務実績が良くない場合<br>②心身の故障のため、**職務の遂行に支障があり、又は堪えない場合**<br>③その職に必要な**適格性を欠く場合**<br>④職制若しくは定数の改廃又は予算の減少により**廃職又は過員が生じた場合** |
|---|---|
| 休職 | ①心身の故障のため、**長期の休業を要する場合**<br>②刑事事件に関し**起訴された場合** |

※休職は条例でも事由設定可（降給は条例のみ）

3　誤り。二つの処分を併せて行うことは可能とされる（昭43.3.9行実）。

4　誤り。**降任処分及び免職処分は、地公法に定める事由による場合に限られ**、条例で事由を定めることはできない（27条2項）。

5　正しい（昭37.6.14行実）。

正答　5

## §9 懲戒

地方公務員法に定める懲戒に関する記述として、
妥当なのはどれか。(主任)

1 地方公務員法は、懲戒の事由として、勤務実績が
 良くない場合又は職務を怠った場合を定めている。

2 懲戒免職処分は、職員の責に帰すべき事由がある
 ことから、労働基準監督機関の認定を受けたとき
 は、直ちに免職できる。

3 懲戒処分は、地方公務員法で戒告、減給、停職、
 免職の4種類に限定されているが、懲戒処分事由は、
 条例で定められている。

4 懲戒処分の手続及び効果は、条例で定めることと
 され、条例で懲戒処分を消滅させる旨の規定を定め
 ることができる。

5 任命権者は、一つの義務違反に対して複数の処分
 を併科することも、複数の義務違反に対して一つの
 懲戒処分を行うこともできる。

1　誤り。地方公務員法は、懲戒処分の事由の一つとして「**職務上の義務に違反し、または職務を怠った場合**」を定めているが、勤務実績が良くない場合は定めていない。勤務実績が良くない場合を処分事由とするのは、**分限処分**である。

2　正しい。**労働者の責めに帰すべき事由**に基づいて解雇する場合に、その事由について行政官庁の認定を受けたときは、**予告等を要せず解雇**することができる（労基法20条）。

3　誤り。懲戒の事由については、全て地方公務員法の定めるところに限られ、**条例等で定めることはできない**（27条3項）。

4　誤り。懲戒処分の**手続及び効果**は、別に法律の定めがあるものを除き、**条例で定める**（28条3項）。条例で一定の場合に懲戒を**取り消す規定**や、**執行猶予の規定**を設けたりすることはできない。

5　誤り。懲戒を行うかどうか、またどの種類の処分を選択するかは、**任命権者の裁量**により、数個の義務違反に対して一つの懲戒処分を行うことはできる。ただし、一つの義務違反にたいして2種類以上の懲戒処分の併科は行うことはできない（昭29.4.15行実）。

正答　2

Point!　職員の身分に直接関わる分限・懲戒の分野は重要な行政実例も多い。行政実例も参照のこと。

## 1　懲戒とは？（29条）

① 　目的：公務における秩序の維持（**義務違反に対する制裁**）。

② 　種類：**免職、停職、減給、戒告**（※）の4つ（「**休職**」や「**降給**」と混同しないこと）。

※ 戒告とよく似た制度に「**訓告**」があるが、こちらは**懲戒処分ではない**。

③ 　懲戒を行えない者：**既に退職した者について懲戒を行うことはできない**（ただし退職派遣職員等については、次頁参照）。

※ **条件付採用職員と臨時的任用職員**については、**どちらの職員にも懲戒の規定が適用される**（分限処分の場合と混同しないこと）。

④ 　事由：→§8「分限」解説ページの表参照。**懲戒はいずれも法定事由→条例**に基づいて、懲戒処分を受けることは**ない**。

## 2　懲戒の手続き・効果

① 　懲戒処分にあたっては、**説明書の交付**（49条）が必要。ただし、説明書の交付は懲戒処分自体の成立とは無関係（**説明書の交付がなくても懲戒処分自体は成立**）。

② 過去の日付に遡った懲戒免職の発令は**不可能**。

③ 懲戒を行うかどうか、また、どの種類の処分を選択するかは、**任命権者の裁量による**。ただし、**1個の義務違反に対して、2種類以上の懲戒処分を併科することは不可**。

④ いったん行った懲戒処分に対し、**任命権者自身が取り消しや撤回を行うことはできない**（→§26「不利益処分に関する審査請求」）。

⑤ 懲戒処分の際にも、**労基法の諸規定（解雇予告、解雇制限等（→§37「解雇」）。なお、地方公営企業職員及び単純労務職員については給与減額の範囲制限（労基法91条））の適用がある**。

⑥ 懲戒処分の**手続き及び効果**は、別に法律の定めがあるものを除き、**条例で定める**。条例で、一定の場合に懲戒を取り消す規定や、執行猶予の規定を設けたりすることは**不可**。また、**当該条例が制定されていなければ、懲戒は行えない**。

⑦ その他、**欠格条項との関連として§5「欠格条項」**の解説参照（特に「3」の①）

## 3 退職派遣職員等の懲戒（29条2項、3項）

任命権者の要請に応じて、いったん当該地方公共団体を退職し、他団体へ派遣などの後、再び当初の団体へ復職した職員に対しても、**退職派遣前の非違行為を理由に懲戒処分が行える**。なお、**定年前再任用短時間勤務職員についても、常勤職員であった期間中の非違行為を理由に懲戒処分が行える**。

**類 題**

地方公務員法に定める懲戒に関する記述として、妥当なのはどれか。

1  懲戒は、公務能率の維持向上のため、任命権者が本人の意に反して、職員にとって不利益な処分を行うことができる制度である。

2  条件付採用期間中の職員及び臨時的に任用された職員は、いずれも地方公務員法の分限の規定は適用されないが、懲戒の規定は適用される。

3  地方公務員法は、懲戒処分の種類を免職、停職、降給、訓告の4種類に限定しており、条例等によりこれ以外の懲戒処分を定めることはできない。

4  懲戒処分の手続及び効果は、条例で定めることとされ、条例で、懲戒処分の執行猶予を可能とする規定を定めることができる。

5  対象となる職員が同一の地方公共団体内で任命権者を異にする異動があった場合には、前の任命権者の下における義務違反について、後の任命権者が懲戒処分を行うことはできない。

**解 答**

1 誤り。設問は、懲戒処分ではなくて**分限処分**に関する説明である。

2 正しい（29条の2）。

3 誤り。懲戒処分は、**戒告、減給、停職、免職の4種類**である（29条1項）。なお、**訓告**は、懲戒処分を行うまでに至らない場合に、将来を戒める**事実上の行為**として行われているものであり、懲戒処分とは異なる（懲戒処分としての実質を備えていない限り認められる。）。

4 誤り。条例で**執行猶予の規定を定めることはできない**（昭27.11.17行実）。

5 誤り。懲戒処分は公務員関係（**特別権力関係**）における**秩序の維持**を目的とした制裁措置であり、**同一の地方公共団体内**で任命権者を異にする異動があった場合でも、当該職員は依然として同一の特別権力関係に属しているので、**前の任命権者の下における義務違反について、後の任命権者が懲戒処分を行うことができる**と解されている。

正答 2

地方公務員法に定める懲戒処分に関する記述とし
て、妥当なのはどれか。(区管試)

1　任命権者は、職員に対し懲戒処分を行う場合にお
いては、その職員に対し処分の事由を記載した説明
書を交付しなければならないが、これを交付しな
かったとしても処分の効力に影響がない。

2　刑事事件が取調べ中に処分保留になった公務員に
対して、懲戒処分を行うことはできず、当該取調べ
が完了し、その処分の決定が明らかになるまでは、
懲戒処分を待たなくてはならない。

3　任命権者は、職員を依願退職とした後にその職員
の在職中の窃盗行為が発覚した場合、依願退職とい
う行政行為を変更して、日付を遡って懲戒免職を発
令することができる。

4　懲戒処分と分限処分とはその目的を異にするもの
であるので、同一事由について懲戒処分と併せて分
限処分を行うことはできず、任命権者は、そのいず
れかを選択しなければならない。

5　地方公務員法の二重給与禁止の規定により、何ら
かの給与の支給を受けることなく兼務している職の
執行に関して懲戒処分を行う場合に、減給処分とし
て本務に対する給与を減額することはできない。

**解 答**

1　正しい。懲戒処分等の**不利益処分を行う場合**には、職員に対し処分の事由を記載した**処分説明書を交付しなければならない**（49条1項）。ただし、処分説明書の記載内容は処分の効力に影響がなく、**処分説明書のけんけつは、処分の効力に影響がない**（昭39.4.15行実）。

2　誤り。**処分保留になった職員に対し、懲戒処分を行うことは差し支えない**。また、事件の取調べが完了し、その処分の決定が明らかになるまで待つ必要はない（昭26.12.20行実）。

3　誤り。**職員が退職した後に在職中の義務違反に対して懲戒処分はできない**（昭26.5.15行実）。ただし、**退職派遣職員や定年前再任用短時間勤務職員については特例**が定められている（29条2項、3項）。

4　誤り。懲戒処分と分限処分を併せて行うことができると解されている。

5　誤り。給与の支給を受けることなく兼務している職の執行に関して、懲戒処分として本務に対して減給処分を行い得る（昭31.3.20行実）。

正答　1

## §10 離職

★★

> 地方公務員の離職に関する記述として、妥当なの
> はどれか。(主任)

1　離職は、職員がその身分を失うことであり、一定
　の事由により当然に離職する「失職」と、行政処分
　により離職する「任用期間の満了」の二つに大別さ
　れる。

2　職員は、欠格条項に該当することになった場合、
　当然に失職となるため、地方公務員法に基づき直ち
　に退職願を提出する義務がある。

3　臨時的任用職員は、人事委員会の承認を得て期間
　を定めて任用されるため、その期間の満了と同時に
　免職となる。

4　定年退職は、職員が定年に達した場合、本人の意
　思にかかわらず当然に離職することとなるもので、
　法律的性質は失職である。

5　辞職は、職員がその意に基づいて退職するもので、
　職員は、退職願を提出することにより直ちに失職す
　る。

解答

1 誤り。**任用期間満了による離職は失職**である。

2 誤り。**失職の場合は、退職届の提出は不要**である。

3 誤り。任用期間満了による離職は失職であり、免職ではない。

4 正しい。

5 誤り。**辞職**は退職届の提出に基づき、任命権者の**退職辞令の交付によって行われる。**

正答　4

---

（補足）**離職**とは、職員が有する**職を失う**とともに、**公務員の身分及び地位を失う**こと。当然に職を失う「**失職**」と、自らの意思に基づく場合と意に反して行う場合がある「**退職**」に区分される。

1　失職の種類
　　①欠格条項該当（28条4項）
　　②任用期間満了（22条2項）
　　③定年退職（28条の6）　※法的性質は失職

2　退職の種類
　　①免職（分限、懲戒）（28条1項、29条1項）
　　②辞職（依願退職）
　　③死亡退職　※失職と性格が異なる

---

★★

> 地方公務員法に定める定年前再任用短時間勤務
> 制に関する記述として、妥当なのはどれか。

1　定年前再任用短時間勤務職員の採用には、地方公
　務員法に定める任用の根本基準が適用されるため、
　その選考において能力の実証が必要とされる。

2　定年前再任用短時間勤務職員の場合、地方公務員
　法に定める分限、懲戒、服務等に関する規定は、
　直接的には適用されず、地方公共団体による設置
　要綱が適用される。

3　定年前再任用短時間勤務職員の職務内容は、「中高
　齢者にふさわしい職務」とされ、常勤職員の補助に
　限定される。

4　定年前再任用短時間勤務職員には、条例で定める
　ところにより、報酬が支給される。

5　定年前再任用短時間勤務職員は、60歳以降の職員
　の多様な働き方のニーズに対応するため、本人の意
　向を踏まえ、短時間勤務の職で再任用することか
　ら、条例定数内職員と位置付けられている。

**解 答**

1 正しい。定年前再任用短時間勤務職員の採用には、地方公務員法に定める**任用の根本基準**（15条。**成績主義の原則**）が適用されるため、その選考において「従前の勤務実績等」能力の実証が必要とされる（22条の4第1項）。

2 誤り。**定年前再任用短時間勤務職員は一般職の職員**であり、設問の**分限、懲戒制度**をはじめ、**地方公務員法がほぼ全面的に適用**される（4条）。ただし**例外**的に定年前再任用短時間勤務職員に対して**適用されないものに条件付採用の制度がある**（22条の4第6項）。なお、常勤職員であった期間中の**非違行為に対する懲戒処分**について§9「懲戒」の解説3を参照）。

3 誤り。**勤務内容については他の一般職の職員と同じ扱い**である。定年前再任用短時間勤務職員に対して、**地公法上設問のような制限は特に設けられていない**。

4 誤り。**定年前再任用短時間勤務職員には給料、手当及び旅費が支給される**（自治法203条の2、204条）。

5 誤り。**フルタイム**（常勤）の暫定再任用職員については、**条例定数に含まれるが定年前再任用短時間勤務職員は、条例定数の対象外である**（自治法172条3項ほか）。

正答　1

> **Point！** 定年制度及び定年引上げにあわ
> せて開始する制度をおさえておこう。

## 1　定年制度（28条の6）

○　職員が定年に達したときは、**定年に達した日以
降の最初の3月31日までの間**で、**条例で定める日**
に退職する（**分限処分**などとは**異なり**、期限の到
来により**当然かつ自動的に離職する制度**。なお、
**臨時的任用職員、任期付採用職員及び非常勤職員**
には定年制度の適用なし）。

○　地方公務員の定年は、**国家公務員の定年を基準**
として、各地方公共団体において**条例で定める**。

○　令和5年から国家公務員の定年が**段階的に引き
上げられる**ことを踏まえ、**地方公務員の定年につ
いても、国家公務員と同様に段階的に引き上げる。**

## 2　管理監督職勤務上限年齢制（28条の2）

○　管理監督職にある職員を、**条例で定める年齢に
達した日の翌日以降の最初の4月1日まで**に管理監
督職以外の職に**降任等**をさせること

○　次のいずれかに該当する場合、**1年単位**で、**引き
続き管理監督職として勤務させることができる。**

・職務の遂行上の特別の事情等がある場合の特例任
用（28条の5第1項）

　（最長3年まで延長可能）

・**特定管理監督職群**（職務内容が相互に類似する複

数の管理監督職で、欠員を容易に補充することができない特別の事情がある管理監督職）の特例任用（28条の5第3項）

（最長5年まで延長可能）

## 3　定年前再任用短時間勤務制（22条の4）

① 　対象

条例で定める年齢に達した日以後に退職した職員。

② 　任用方法

従前の勤務実績に基づく選考による。

③ 　任期

採用の日から常勤職員の定年退職日に当たる日まで。

④ 　その他の特徴

○ 　フルタイム勤務への復帰は不可。

○ 　定年前再任用短時間勤務職員には、条件付採用の規定は適用されない。

○ 　定年が段階的に引き上げられる経過期間において、従前の再任用制度と同様の仕組み（暫定再任用制度）を措置。

## 4　情報提供・意思確認制度（附則23項）

○ 　任命権者は、職員が条例で定める年齢に達する日の属する年度の前年度に、条例で定める年齢に達する日以後に適用される任用及び給与等について、情報提供を行わなくてはならない。

○ 　任命権者は、職員が条例で定める年齢に達する日以後の勤務の意思を確認するよう努めるものとする。

職員の定年引上げに関する記述として、地方公
務員法上、妥当なのはどれか。

1　地方公務員の定年は、国家公務員につき定められ
　ている定年と同年齢になるよう、法律で定められて
　いる。

2　管理監督職勤務上限年齢制は、組織の新陳代謝を
　確保し、組織活力を維持することを目的としてお
　り、全ての管理監督職の職員に適用される。

3　任命権者は、公務の運営に著しい支障が生ずる場
　合には、65歳に達した日以後の最初の3月31日まで、
　引き続き管理監督職として勤務させることができ
　る。

4　当分の間、地方公共団体の長は、職員に対して、
　条例で定める年齢に達する日以後に適用される任用
　及び給与に関する措置の内容その他の必要な情報を
　提供するものとするとともに、同日の翌日以後にお
　ける勤務の意思を確認するよう努めるものとする。

5　任命権者は、条例で定める年齢に達した日以後に
　退職をした者を、条例で定めるところにより、短時
　間勤務の職に採用することができる。

1　誤り。**国の職員につき定められている定年**を基準として**条例で定めるものとする**（28条の6第2項）。

2　誤り。管理監督職勤務上限年齢制は、任期付職員等、**任期を定めて任用される職員には適用しない**（28条の4）。

3　誤り。**一年を超えない期間内**で、引き続き管理監督職を占めたまま勤務させることができる。なお、要件に該当する場合は、**更に一年を超えない期間内**で引き続き勤務を継続することができる（28条の5）。

4　誤り。情報提供及び意思確認は、**任命権者**が実施する（附則23項）。

5　正しい。

正答　5

# §12 服務の宣誓

地方公務員法に定める服務の宣誓に関する記述として妥当なのは、次のどれか。(主任)

1 服務の宣誓は、職員が誠実かつ公平に職務を執行することを宣言する行為であり、どのような内容の宣誓を行うかは職員に委ねられている。

2 服務の宣誓は、公務員の任命要件であり、宣誓を行わなかった者を公務員に任命することはできない。

3 服務の宣誓は、職員が服務上の義務を負うことを受諾する行為であり、宣誓を行うことによって公務員としての身分が付与される。

4 服務の宣誓は、単なる宣言であり、職員はその責めに帰すべき事由により宣誓を行わなかった場合においても服務上の義務違反とはならない。

5 服務の宣誓は、職員が服務上の義務を負うことを確認し、宣言する行為であり、職員の倫理的自覚を促すことを目的としている。

1 誤り。職員は、「条例の定めるところにより」宣誓
 しなければならないとされており、その内容につ
 いては条例で規定されている。

2 誤り。服務の宣誓は、職員が服務の義務を負うこ
 とを確認するためのものであるが、地公法上、特
 に任命の要件とはされていない（31条）。

3 誤り。服務の宣誓は、職員が服務の義務を負うこ
 とを「確認」するための行為である。また、公務
 員としての身分の付与は、任命（任用）行為に基
 づくものである。

4 誤り。宣誓を行うという行為自体、地公法上職員
 の服務義務の一つとされており、職員がその責め
 に帰すべき事由により宣誓を行わなかった場合に
 は服務上の義務違反となる。

5 正しい。

正答 5

※ 服務の宣誓については、本ページの解説に加え、
 §13「法令及び上司の職務上の命令に従う義務」
 解説「3 服務の宣誓」も参照のこと。

# §13 法令及び上司の職務上の命令に従う義務

★★

地方公務員法に定める、法令及び上司の職務上
の命令に従う義務に関する記述として妥当なの
は、次のどれか。（主任）

1 職員は、職務を遂行するにあたっては、法律、条
　例、規則などの法令に従わなければならないが、法
　令ではない訓令、通達についてはその義務はない。

2 職員は、上司の職務上の命令に従う義務があり、
　職務上の命令は、職務上の上司だけでなく身分上の
　上司も発することができる。

3 職員は、上司の職務命令に重大かつ明白な瑕疵が
　ある場合、その命令に対して意見を述べることがで
　きるが、命令には従わなければならない。

4 職務命令は、職務の遂行を内容とするものに限ら
　れず、職務の必要上から生活の制限に及ぶ場合もあ
　り、その例として居住場所の制限がある。

5 職務命令は、文書によることが必要とされ、口頭
　で行われた場合には、これに従わなくても、職務命
　令違反にはあたらない。

**解　答**

1　誤り。職員が従うべき「法令等」には、法律、政令、省令、条例、規則、企業管理規程（公営企業）などのほか、**訓令や通達なども含まれる**。

2　誤り。職務命令のうち、**職務上の命令は、職務上の上司のみ**が発することができる。

3　誤り。上司の職務命令に、**重大かつ明白な瑕疵（誤り）がある場合、その命令は当然無効であり、これに従う義務はない**。ちなみに、当該命令が当然無効であるにもかかわらずそれに従った職員は、その行為及びそれによって生じた結果について責任を負うことになると解されている。

4　正しい。**特別権力関係設定の目的上、合理的な範囲内においては、個人的な自由を制限するような命令を発することも可能**であると解されている。災害対策要員が、災害対策住宅に居住を義務づけられる、といったようなことはその例といえる。

5　誤り。**職務命令の手続き及び形式については、別段の制限はなく、口頭でも文書でもよい**。従って、口頭による職務命令に従わなければ、当然職務命令違反となる。

正答　4

**Point！**　法令の内容＋αを押さえれば足りる分野。

## 1　法令等及び上司の職務上の命令に従う義務（32条）

①　法令等に従う義務

　　職務遂行あたっての法令遵守を定めたもの（法律、条例、規則、規程を含む）。

※　職員が職務と無関係な一市民として法令に違反した場合、本条違反の問題は生じない（但し、その場合でも懲戒の事由である非行や、信用失墜に該当することがある）。

②　職務命令に従う義務

　　有効な職務命令としての**成立要件**は次の3つ。

　　（ア）　権限ある上司からの命令であること

　　（イ）　職務に関する命令であること

　　（ウ）　法律上・事実上実行不能でないこと

※　命令の形式に特段制限はない（文書、口頭）。

※　瑕疵ある命令：次の2つに効果が分かれる。

　　（ア）　重大かつ明白な瑕疵のある命令は無効（それに従うと行為及び結果について責任を負う。従う必要なし）

　　（イ）　取り消しうべき瑕疵ある職務命令は、命令として一応有効 → 取消されるまで従う必要

※　複数の上司から矛盾した命令があったとき

　　（ア）　職務上の上司と身分上の上司：職務上の上司の命令が優先する。

（イ）上位の上司と下位の上司：上位の上司の命
令が優先する。

※ その他、**合理的な範囲内で基本的人権が制約さ
れる場合もある**（例：特定の公舎への居住義務）。

③ 違反の効果

**懲戒の対象**（地公法上罰則規定の適用なし）。

## 2 信用失墜行為の禁止（33条）

① 信用失墜行為

職務に関連した非行（職権乱用、収賄等）に
加え、職務以外の違法行為（道路交通法違反、
傷害事件等）や服務義務違反、来庁者に対する
粗暴な態度のようなものまで広く含む。

② どのような行為が信用失墜行為にあたるかとい
った**一般的な基準はなし**（社会通念に照らし、個
別的・具体的に判断）。

③ 違反の効果

**懲戒の対象**（地公法上罰則規定の適用なし）。

## 3 服務の宣誓（31条）

① 服務上の義務を負うことを確認し、宣言する
行為、職員の倫理的自覚を促すことが目的。公
務員としての身分付与や服務上の義務は、**宣誓
を行うことによってではなく、任命（任用）行
為によって生じる**。

② **宣誓の内容**は、**条例の定めるところによる**。

③ 宣誓をしなくても**任命行為への影響はないが、
服務義務違反にはなる**（懲戒の対象）。

# §14 信用失墜行為の禁止

> 地方公務員法に定める信用失墜行為の禁止に関
> する記述として、妥当なのはどれか。（主任）

1 信用失墜行為は、職員の倫理上の行為規範にとど
  まらず、すべての信用失墜行為には、地方公務員
  法が定める罰則が当然に適用される。

2 何が信用失墜行為にあたるかは、任命権者が個別
  的かつ具体的に判断するものとされ、判断の客観
  的妥当性を有する必要はない。

3 信用失墜行為には、職員の職務に関連する非行行
  為のほか、私的な非行行為も含まれる。

4 汚職は、職員の非行行為であるが、その行為につ
  いては厳しい刑罰が科せられるため、信用失墜行
  為の対象からは除外される。

5 職員の信用失墜行為は、当該職員の信用を傷つけ
  ることにとどまり、職員の職全体の不名誉になる
  ことはない。

1　誤り。職員が信用失墜行為の禁止に違反したとき
　は服務義務違反として懲戒処分の対象となるが、
　地方公務員法上の罰則規定の適用はない。

2　誤り。どのような行為が信用失墜行為に該当する
　かは、社会通念に基いて個別に判断されるが、任
　命権者の恣意的な判断を許すものではなく、客観
　的に納得できるような判断がなされなければなら
　ない。

3　正しい。例えば、時間外に酒酔い運転を行った場
　合のように、私的な非行行為も信用失墜行為とし
　て懲戒処分の対象となりうる。

4　誤り。汚職を行った場合は、地公法29条1項1号
　（法令違反）及び3号（全体の奉仕者たるにふさわ
　しくない非行）に該当し、信用失墜行為として懲
　戒処分の対象となると同時に、刑事処分として刑
　罰が科される。

5　誤り。信用失墜行為は、当該職員の信用を傷つけ
　ると同時に公務全体の信用を損ない、職全体の不
　名誉となる。

　　　　　　　　　　　　　　　　　　　正答　3


※　信用失墜行為の禁止については、本ページの解説
　に加え、§13「法令及び上司の職務上の命令に従
　う義務」解説「2　信用失墜行為の禁止」も参照の
　こと。

# §15 秘密を守る義務

★★★

地方公務員法に定める秘密を守る義務に関する記述として、妥当なのはどれか。（主任）

1 秘密とは、一般に了知されていない事実であって、それを了知せしめることが、一定の利益侵害になると客観的に考えられる公的な秘密であり、個人的秘密は、地方公務員法が定める秘密に該当しない。

2 秘密に属する文書を外部の者が読んでいるのを、その文書の管理責任者が故意に黙認することは、秘密を漏らすことに当たらないと解されている。

3 職務上の秘密とは、職務の執行に関連して知り得た秘密であり、所管外の事項も含まれる。

4 任命権者は、職員が法令による証人等となって職務上の秘密を発表する必要がある場合、法律に特別の定めがある場合を除き、職員が職務上の秘密を発表することの許可を拒むことができる。

5 職務上の秘密に属しない職務上知り得た秘密について、法令による証人等となって発表する場合には、任命権者の許可を要しない。

1　誤り。公務員の所掌事務に属する秘密だけではなく、**公務員が職務を遂行する上**で知ることができた**私人の秘密**であって、それが公にされることにより、私人との**信頼関係が損**なわれ、公務の**公正かつ円滑な運営に支障をきたす**こととなるものも含まれる。

2　誤り。秘密事項の漏えいには、秘密事項を**文書やインターネットで表示**すること、**口頭で伝達**することのほか、秘密事項の漏えいを**黙認する**という**不作為も含**まれる。

3　誤り。本肢の記述は「職務上知り得た秘密」についての説明である。「**職務上の秘密**」は職員の職務上の所管に関する秘密に限定される。

4　誤り。任命権者は、法律に特別の定めがある場合以外は、**許可を与えなければならない**と規定されている（34条3項）。

5　正しい。

正答　5

Point!　秘密のタイプごとに、公表する
場合の要件が変わってくる。

## 1　「秘密」とは何か

　地公法上の「秘密」とは、「一般に了知されてい
ない（知られていない）事実であって、それを一般
に了知せしめることが（それを知らない人にとって）
一定の利益になると客観的に考えられるもの」を指
す。例えば、職員の人事記録などはここに言う「秘
密」にあたるとされている。

## 2　秘密には2つのタイプがある

　地公法に定める秘密には、「職務上知り得た秘密」
と、「職務上の秘密」との2つのタイプがある（34条）。
それぞれのタイプごとに用語・定義・特徴をきちん
と関連付け、整理して覚えておくこと。言葉が似て
いて紛らわしいのでよく間違う）。

①　職務上知り得た秘密

　職員が職務を執行するにあたって、知り得た
秘密を指す。その意味では、次に述べる「職務
上の秘密」よりも範囲が広く、例えば職員が仕
事をする上で偶然知ったような、所管外の秘密
などもこれに含まれる。

　職員は職務上知り得た秘密を外部に漏らして
はならない。また、職員が退職した後もこの規
定は適用される。

② 職務上の秘密

　「職員の職務上の所管に属する秘密」を指す。つまり、その職員が担当している事務に係る秘密のことである。

　職務上の秘密は、法令による証人、鑑定人（※1）となってこれを公表するような場合には、**任命権者の許可を受ける必要（※2）がある**（「職務上知り得た秘密」で、「職務上の秘密」以外のものを法令等の定めに基づいて**公表する場合には、このような許可は不要**）。この場合、**任命権者は、法律に特別の定めがある場合を除いて、許可を拒むことができない。**

※1　民事・刑事裁判、地方自治法における100条調査権、人事（公平）委員会の審理などに関連して証人や鑑定人となる場合などがこれにあたる。

※2　既に**離職（退職）した者**が上記事項を発表する場合については、**離職した職またはこれに相当する職の任命権者の許可**が必要。

3　違反した場合の罰則

　34条の規定に違反して秘密を漏らした場合、**1年以下の懲役か、50万円以下の罰金に処せられる**（60条。なお、**退職者にも罰則の適用あり**）。秘密漏洩を企てたり、命じたり、また秘密漏洩を故意に容認したり、あおったり、助けたりした者も職員同様に罰せられる（62条）。

類 題

---

地方公務員法に定める秘密を守る義務に関する
記述として妥当なのは、次のどれか。

---

1  職員は、退職後も秘密を守る義務があり、退職後
 に秘密を漏らした場合、地方公務員法に定める罰則
 の対象となる。

2  最高裁判所は、秘密とは、非公知の事実であって、
 秘密を指定する権限のある行政庁により明示的に
 秘密の指定がなされたものをいうと判示し、形式
 秘密説を採用した。

3  秘密は、保護法益の内容からみて、公的秘密と個
 人的秘密に分けられるが、職務上の秘密はすべて
 公的秘密であり、職務上知り得た秘密には公的秘
 密と個人的秘密がある。

4  職員は、職務上知り得た秘密を守る義務に違反し
 た場合、懲戒処分とともに刑事罰の対象となるが、
 秘密を漏らすことをそそのかした者については、
 刑事罰の対象とはならない。

5  職員は、法令による証人又は鑑定人として職務上
 の秘密の発表をする場合、任命権者の許可を受けな
 ければならないが、地方公共団体の議会において証
 人又は鑑定人として職務上の秘密を発表する場合
 は、許可を受ける必要はない。

80

1　正しい。

2　誤り。最高裁は、秘密について、行政機関が単に形式的に秘密の指定をしただけでは足りず、非公知の事実であって、**実質的にもそれを秘密として保護するに値するものを指す**と判示した。

3　誤り。職務上の秘密であっても、例えば税の滞納記録のように、個人的秘密に属するものもある。**職務上の秘密イコール公的秘密、というわけでは必ずしもない。**

4　誤り。**秘密を漏らすことを命じたり、漏洩を故意に容認したり、あるいはそそのかしたり、ほう助をした者**についても、**同様に刑事罰の対象**となる（62条参照）。

5　誤り。**議会において証人又は鑑定人として発表する場合**でも、**第34条2項に基づき、許可を得なければならない**（昭48.7.18行実）。なお、任命権者の許可は、法律に特別の定めがある場合を除き拒めない（34条3項）。

正答　1

# §16 職務専念義務

地方公務員法に規定する職員の職務専念義務に関する記述として、妥当なのはどれか。(区管試)

1 職員団体が勤務時間中に適法な交渉を行う場合、職員団体が指名した職員は、その指名により当然に職務専念義務が免除される。

2 都道府県が給与を負担している市町村立小学校の教職員の職務専念義務は、当該都道府県の条例に基づき、都道府県教育委員会の承認により免除される。

3 営利企業に従事しようとする職員は、その従事する時間が当該職員に割り振られた勤務時間外であっても、任命権者から営利企業に従事することの許可とあわせ、職務専念義務の免除の承認を受けなければならない。

4 勤務時間中に職員団体活動を行うため職務専念義務を免除された職員は、条例で定める場合を除き、当該職務専念義務を免除された時間について、給与の支給を受けることができない。

5 職員が勤務条件に関する措置の要求をすることは、法律で認められた権利であるので、それを勤務時間中に行う場合、当然に職務専念義務が免除される。

解 答

1 誤り。地公法55条に定める**適法な交渉であっても、職務専念義務の免除については、権限を有する者**の承認を受けなければならない。

2 誤り。**県費負担教職員の職務専念義務の免除に関**する条例は、**市町村の条例による**取扱いとされる（地教行法43条2項）。また、**服務の監督機関は、市町村教育委員会である**（同条1項）。

3 誤り。**当該職員に割り振られた勤務時間外**であれば、職務専念義務の問題は生じない。

4 正しい。**職務専念義務が免除された職員の給与の取扱い**については、地公法24条5項に基づく**条例の定めるところによる。**なお、地公法第55条の2第6項に定めるとおり、条例で定める場合を除き、給与を受けながら、職員団体活動を行うことはできない。

5 誤り。**勤務時間中に勤務条件の措置要求を行うこと**は、**法律または条例に特別の定めがない限り、**法的には**職務専念義務に関する規定に抵触**する（昭27.2.2行実）。

正答 4

**解 説**

> **Point!** 営利企業従事制限、職員団体の
> 交渉など、他の分野との関わりが深い。

**1 職務に専念する義務（35条）の意義**

　服務の根本基準(30条)の趣旨(全力で職務に専念)
を具体化したもの。

※ 超過勤務・休日勤務等も職務に含まれる。

※ 法律または条例の定めがある場合に限って、職
　務専念義務の免除が可能。

**2 どのような場合、職務専念義務が免除されるか？**

　主なものとして、以下のようなケースがある。

(1) **法律に基づく場合**

① **休職・停職処分**を受けた場合(28条2項、29条1
　項)

② **在籍専従の許可**を受けた場合(55条の2)

③ 職員団体と当局とが勤務時間中に行う適法な交
　渉に参加する場合(55条5項、6項、8項)

④ **伝染病に罹患**した場合（労安法68条）

⑤ **労働基準法に基づく休暇等**(58条3項、労基法39
　条（年次有給休暇）、同65条（産前産後の休暇）、
　同67条（育児時間）、同68条（生理休暇）など)

⑥ **育児休業**（部分休業）を取得する場合

※ ③、⑤～⑥については、**事前に任命権者の承認**
　を受ける必要がある（産後の休暇を除く）。

(2) **条例**に基づく場合
① 職員の勤務時間、休暇等に関する条例に定める休日（例：国民の祝祭日、年末年始の休日）、休暇（例：夏期休暇）、休息時間などの場合
② 職務専念義務の免除に関する条例に定める場合（例：研修受講、厚生計画実施への参加など）

## 3　当然には免除されない―他の制度と職専免の関係

　勤務条件に関する**措置要求**（46条）や**不利益処分に関する審査請求**を行う場合（49条の2）、**営利企業従事への許可を得た場合**（38条）など、地公法上認められた権利の行使であっても、**当然に職務専念義務が免除されるわけではなく、別途、職務専念義務の免除について許可が必要**となる。国家公務員や特別職との兼職の場合なども同様。

## 4　職務専念業務の免除と給与

　職務専念義務が免除された期間に対して**給与を支払うか否かは、原則として給与条例に定めるところ**による（→給与条例に基づいて任命権者が承認すれば、その期間について給与が支払える）。
※ 但し、**在籍専従職員、停職者**などに対しては、法律上、**その期間中給与は一切支給できない**。

## 類 題

地方公務員法に定める職務に専念する義務に関する記述として、妥当なのはどれか。（主任）

1　職務専念義務が免除された職員に対し、その勤務しなかった時間について給与を支給するか否かは、法律に定められた場合を除き、任命権者が決定する。

2　勤務時間中に職務専念義務の免除を受け職員団体の活動に従事した職員は、規則で定める場合以外は、給与の支給を受けることができないとされる。

3　法律に定められた職務専念義務の免除の例として、刑事事件に関し起訴された場合の分限処分による休職及び懲戒処分による停職がある。

4　職員団体の在籍専従の許可を受けた職員は、その期間について、退職手当及び共済年金の算定の基礎となる勤続期間に算入することができる。

5　職員団体の在籍専従の許可を受けた職員は、条例で特別の定めがあれば、給与を支給することができる。

1 誤り。職務専念義務が免除された期間に対して給与を支払うか否かは、法律に定められた場合を除き、給与条例に定めるところによる（24条5項）。

2 誤り。職員は、**条例で定める場合を除き、給与を受けながら職員団体の活動に従事することはできない**（55条の2第6項）。

3 正しい（28条2項2号、29条）。

4 誤り。**在籍専従期間は、退職手当の算定の基礎となる勤続期間に算入されない**（55条の2第5項）。

5 誤り。**在籍専従期間は、いかなる給与も支給されない**（55条の2第5項）。

正答 3

# §17 政治的行為の制限

★★★

地方公務員法に定める政治的行為の制限に関する記述として妥当なのは、次のどれか。(管試)

1 職員は、政党その他の政治団体の結成に関与することを禁止されており、これに違反した場合には、刑罰の適用は受けないが、懲戒処分の対象となる。

2 職員は、勤務時間の内外を問わず、政治的行為が制限されるが、現に職務に従事していない休職中または停職中の職員は、政治的行為の制限を受けない。

3 職員は、特定の内閣や地方公共団体の執行機関を支持し、又はこれに反対する目的を持って、署名を行い、又は寄付金を与えることを禁止されている。

4 職員は、公の選挙において、特定の候補者に投票するように勧誘運動をすることは、その職員の属する地方公共団体の区域の内外を問わず許されない。

5 職員は、政党その他の政治団体の役員になることは禁止されているが、これらの団体の構成員となるように勧誘運動をすることは禁止されていない。

**解 答**

1　正しい。地公法36条に定める政治的行為の制限の
　規定に違反したとしても**刑罰の適用は受けない**が
　（60条、61条）、法令・職務上の義務違反により、
　**懲戒処分の対象にはなる**（29条1項1号）。

2　誤り。**停職及び休職中の職員**は、処分の期間中職
　務に従事しないが、公務員としての**職は保有して**
　**いる**ため、**政治的行為の制限を受ける。**

3　誤り。**当該職員の所属する地方公共団体の区域外**
　では、職員が特定の内閣や地方公共団体の執行機
　関を支持する等の目的を持って、行う**署名や寄付**
　**は特に禁止されていない**（36条2項ただし書き）。

4　誤り。**当該職員の属する地方公共団体の区域外で**
　は、公の選挙において**特定の候補者に投票するよ**
　**う勧誘運動をすることは禁止されていない。**

5　誤り。**政党その他の政治団体の役員となること、**
　これらの**団体の構成員となるように勧誘運動をす**
　ることの両方とも、**地公法で禁止**されている。

正答　1

> **Point!** 条文の情報量が多く、かつ錯綜
> とした内容でわかりづらい分野。事項ご
> とに、どんな結果が導き出せるのかをき
> ちんと整理して覚える。

## 1 制限される政治的行為

以下のような2つのタイプ（AとB）がある。

| | 行 為 の 内 容 | 特定目的 | 区域内 | 区域外 |
|---|---|---|---|---|
| A | 政治団体結成関与 | 不 要 | 区域内外での区別なく一律に× | |
| | 政治団体役員への就任 | | | |
| | 勧誘運動（加入等） | | | |
| B | 勧誘運動（投票等） | 行為成立の前提として必要 | × | ○ |
| | 署 名 運 動 | | × | ○ |
| | 寄付等金品募集 | | × | ○ |
| | 庁 舎 利 用 | | × | × |
| | 条例で定める行為 | | × | ○ |

○：行える　×：行えない

### (1) 政党の結成等に関する政治的行為（36条1項）

表の「A」に挙げられた3つの行為。次に出てく
る「B」のような、行為の成立要件（特定目的）は
不要で、また、区域内外での差違もない（法律の要
件にあてはまれば、即禁止されている行為となる）。

### (2) 特定の政治目的をもってされる政治的行為（36条
2項）

表の「B」に挙げられている5つの行為。次の要

件1及び要件2の両方に該当すると、禁止された行
為となる（条件が錯綜するのでややわかりづらい）。
**要件1**：特定の目的（次の①or②）が認められる。
① **特定の政党、その他の政治団体、特定の内閣ま
たは地方公共団体の執行機関への支持**（or 反対）
② **公の選挙、投票での特定の人（or 事件）への
支持**（or 反対）
**要件2**：区域内（※）で行われた行為である。
　要件1に該当する同じ行為でも、**職員の属する地
方公共団体の区域外で行う場合は、政治的行為とな
らないものがある。**
※ ただし、**庁舎利用の行為だけは区域の内外を問
わずに制限される。**


2　罰則の有無
　政治的行為の制限（36条）の違反には、**地公法
上の罰則規定の適用はない**（ただし、**懲戒処分の対
象にはなる**）。


3　政治的行為の制限の対象に含まれない職員
　地方公務員法に定める政治的行為の制限の規定は、
① **公営企業職員**(地公企法39条2項。一部の職を除く。)
② **単純労務職員**(地公労法附則5項)
③ **特定地方独立行政法人職員**(地独法53条2項。一
部の職を除く。)
④ **公立学校の教育公務員**(教特法18条)
については**適用されない**（④の教員の場合、制限
地域は全国であり、より厳しい。→国公法102条）

**類 題**

地方公務員法に定める政治的行為の制限に関する記述として妥当なのは、次のどれか。

1 　職員の政治行為の制限は、一般行政職員と同様に単純労務職員及び地方公営企業に従事する企業職員にも適用される。
2 　職員は、政党その他の政治的団体の結成に関与し、又はこれらの団体の役員若しくは構成員となってはならない。
3 　職員は、特定の政党を支持する目的を持って、当該職員の属する地方公共団体の区域外において、文書又は図画を地方公共団体の庁舎、施設等に掲示することができる。
4 　条例により、地方公務員法が定める事項以外の政治的行為の制限を定めることはできるが、地方公務員法が定める事項以外の政治目的の制限を定めることはできない。
5 　職員が、特定候補者の依頼により、当該候補者のポスターを各所に貼ることは、勤務時間外に無給で行えば、政治的行為の制限に違反するおそれはない。

1　誤り。地公法に定める**政治的行為の制限の規定**は、**公営企業職員**や**単純労務職員**には**適用されない**（地公企法39条2項、地公労法附則5項）。

2　誤り。政党結成に関与すること及び政党の役員となることについては地公法により禁止されているが、**政党の一般構成員となることについては特に禁止されていない**。

3　誤り。特定の政党を支持する目的を持って、**文書又は図画を地方公共団体の庁舎、施設等に掲示**することは、当該職員の所属する地方公共団体の**区域の内外を問わず禁止**されている。

4　正しい。**政治的行為については、地公法が定める**事項以外の**制限を条例で定めることができる**（36条2項5号）。

5　誤り。職員が、特定候補者の依頼により、当該候補者のポスターを各所に貼ることは、勤務時間外に無給で行った場合でも、政治的行為の制限に違反するおそれがある。

正答　4

# §18 争議行為の禁止

★★

地方公務員法に定める争議行為の禁止に関する
記述として妥当なのは、次のどれか。(管試)

1 職員は、争議行為を実行することが禁止されてい
 るが、その争議行為とは同盟罷業のことであり、
 怠業的行為は地方公共団体の活動能率を低下させ
 るに過ぎないので禁止されていない。

2 職員は、争議行為を実行することが禁止されてお
 り、職員団体の指令に基づき争議行為に参加する
 ことは争議行為の実行にあたるため、参加する行
 為自体が、懲戒処分の対象となるだけでなく刑罰
 の適用の対象となる。

3 職員は、争議行為を実行することが禁止されてお
 り、争議行為を理由として懲戒処分を受けた職員
 は、争議行為を行ったかどうか事実に争いがある
 場合でも、審査請求をすることが認められていな
 い。

4 職員は、争議行為を実行することが禁止されてい
 るが、職員以外の者が、地方公務員法の全面適用
 を受ける一般職員の争議行為を計画したり助長し
 たりする行為は禁止されていない。

5 職員は、争議行為を実行することが禁止されてお
 り、争議行為により地方公共団体や住民に損害を
 与えた職員や職員団体は、民事上の不法行為とし
 てその損害を賠償する責任を負う。

**解 答**

1　誤り。職員は、「同盟罷業、怠業、その他の争議的行為」及び「地方公共団体の活動能率を低下させる怠業的行為」を行ってはならないとされている（37条1項）。

2　誤り。争議行為に参加することは懲戒処分の対象とはなるが、参加行為自体に対する刑罰の適用はない。

3　誤り。争議行為の禁止規定の違反を理由に処分された職員について、争議行為等の違反行為があったかどうかについて争いがある場合は、審査請求をすることが可能である（昭34.2.19行実）。

4　誤り。「何人も」、争議行為等の「違法な行為を企て、又はその行為を共謀し、そそのかし、若しくはあおってはならない」とされている（37条1項）。

5　正しい。職員団体に対しては、民間企業の労組のような民事責任の免責規定の適用がない（58条、労組法8条参照）。なお、地方公営企業の労働組合についても、労組法上の民事責任の免責規定は適用除外となっている（地公労法4条）。

正答　5

Point! どのような行為が争議行為にあたるか。また、違反行為に対して、どのような責任が生じるか?

## 1 法が禁止するのはどのような行為か?

大まかには、以下のように分類できる (37条)。

(1) 争議行為

地方公共団体の**業務の正常な運営を阻害**する行為。**目的** (政治スト、経済スト等)、**行為態様** (座り込みスト、ハンスト等) **等**のいかんにかかわらず、また**一般行政職員・企業職員、現業・非現業等の区別なく、全面一律に禁止**。なお、**ビラ配布等の宣伝活動**も、業務の正常な運営を阻害する場合は勤務時間の内外を問わず争議行為に該当。

(2) 怠業的行為

地方公共団体の**活動能率を低下**させる行為で、争議行為には至らない程度のもの。

※ その他、地方公共団体の正常な業務の運営を阻害するとして、判例及び行政実例上、争議行為等とされた具体例としては、**年次有給休暇闘争、時間内職場集会、超勤拒否闘争、休日勤務拒否闘争、ピケッティング**などがある。

**2　争議行為等の禁止に違反した場合の職員の責任**

① 　行為の開始とともに、法令で認められる任命上、雇用上の権利をもって対抗できなくなる。

※　ただし争議行為が行われたかどうかの確認のため、**懲戒処分に対して、不利益処分に関する審査請求を行うことは可能**。

② 　法令・服務義務違反として、**懲戒処分の対象**となる。争議行為等の結果、地方公共団体に損害を与えた場合は、**損害賠償責任**が生じる（民間労組のような、**民事責任の免責規定なし**）。

③ 　**実行行為**そのものについては、**刑罰の適用なし**。

④ 　**地方公営企業職員・単純労務職員の場合**、地公労法の規定（11条、12条）により、違反者を**解雇**できる（これら職員は、地公法上の**不利益処分に係る審査請求は行えない**が、労組法上の**不当労働行為の申立て**を行える）。

**類 題**

地方公務員法に定める争議行為の禁止に関する
記述として妥当なのは、次のどれか。

1　職員が、職員団体による勤務時間内の職場大会に
　参加することは、それが地方公共団体の正常な業
　務の遂行を阻害する場合であっても、争議行為に
　は該当しない。
2　職員が争議行為を計画し、又はその行為を共謀す
　る行為は、その行為の結果、争議行為が実行され
　た場合に限り、違法となる。
3　職員は、同盟罷業、怠業その他の争議行為をし、
　不利益な処分を受けた場合でも、地方公共団体に
　対し、法令又は条例等に基づいて保有する任命上
　又は雇用上の権利をもって対抗することができる。
4　最高裁判所の判例では、年次有給休暇の制度を利
　用して、職員が一斉に休暇をとり、事実上業務の
　遂行を妨害する一斉休暇闘争は、本来の年次有給
　休暇権の行使と認められ、争議行為には該当しな
　いとしている。
5　超過勤務命令や宿日直命令に対して、組織的にこ
　れを拒否する超勤拒否闘争や宿日直拒否闘争は、
　職務命令違反及び職務専念義務違反となるだけで
　なく、争議行為にも該当する。

**解　答**

1　誤り。**時間内職場大会**は、勤務時間中に職務を放棄するものであり、**争議行為に該当する**。

2　誤り。争議行為の企て、共謀、そそのかし、あおりなどの行為は、いずれも**その行為が行われたこと自体によって、法律に違反するものであり、必ずしも争議行為等が実行されたことを必要としないとされている**（判例）。

3　誤り。職員は、**争議行為の開始とともに地方公共団体に対し、法令又は条例等に基づいて保有する任命上又は雇用上の権利をもって対抗することができなくなる**（37条2項）。

4　誤り。最高裁は、**一斉休暇闘争は年次休暇に名を借りた同盟罷業というべきであり、当該時季指定日に年次休暇関係が成立する余地はない**、と判示している。

5　正しい。

正答　5

## §19 営利企業等の従事制限

★★★

地方公務員法に定める営利企業等の従事制限に関する記述として、妥当なのはどれか。（主任）

1 職員は、勤務時間外であっても、任命権者の許可を受けなければ、営利を目的とする私企業を営むことができない。

2 職員は、刑事休職中であれば、任命権者の許可を受けることなく、報酬を得て営利企業に従事することができる。

3 職員は、無報酬であっても、任命権者の許可を受けなければ、消費生活協同組合の役員を兼ねることができない。

4 職員は、講演料や原稿料などの労務や労働の対価ではない給付であっても、任命権者の許可を受けなければ、これを受け取ることができない。

5 職員は、勤務時間内の営利企業等の従事について任命権者の許可を受けたときは、別に職務専念義務の免除又は年次有給休暇の承認を受ける必要はない。

**解 答**

1　正しい。営利企業への従事制限に関する規定は、勤務時間内はもとより、**勤務時間外においても職員に適用**される（昭26.12.12行実）。

2　誤り。**刑事休職中の職員**についても、**営利企業に従事する場合、任命権者の許可が必要**である（昭43.7.11行実）。

3　誤り。法律上営利を目的としないこととされている**消費生活協同組合や農業協同組合等の役員となる場合**は、当該組合等から**報酬を受ける**のでなければ、任命権者の**許可を必要**としない。

4　誤り。**講演料**や**原稿料**などの謝金、**車代**などの実費弁償といったように、**労働の対価ではない給付**については、ここでいう**報酬には該当しない**と解されているので、受け取りにあたって、任命権者の許可は特に必要ではない。

5　誤り。営利企業の従事について任命権者の許可を受けた場合であっても、**勤務時間内に営利企業に従事**する場合には、**別途職務専念義務の免除や年次有給休暇の承認を受ける必要**がある。

正答　1

Point! どんな形態の行為が「営利企業
等への従事」に該当するか。許可以外に
何が必要か？

## 1 営利企業等従事の形態とよく出る事項

形態ごとに整理すると、およそ(1)～(3)のとおり。

(1) **営利目的の私企業その他の団体役員等への就任**

① **法律上、非営利とされる団体**（農協、生協等）
の場合、実質的に営利行為を行っていても、営
利目的の私企業には**あたらない**（※）。

※ 非営利団体の役員への就任でも、**報酬を受け
る場合は(3)の類型に該当**し、制限を受ける。

② **時間外や無報酬の場合**であっても、営利目的
の私企業等への役員就任は**同様に制限**される。

(2) **自ら営利目的の私企業等を経営**

① 企業の業態を問わず制限される（農業でも営
利を目的としていれば「営利を目的とする私企
業」に該当）。

② 職員の家族が営利目的の私企業を経営するこ
とは禁止されていないが、**家族の名義を利用し
て実質は職員が私企業を営むような場合は、服
務違反に該当**する。

(3) **報酬**を得て事業等に従事

① **営利・非営利の団体を問わず制限**される。

② 職員が**特別職を兼ね**、報酬を受ける場合、国
家公務員（一般職・特別職）を兼ね、報酬を受

　　ける場合も営利企業等従事制限に該当する。

　③　報酬：**名称のいかんを問わず、労働の対価**と
　　して支払われる給付。収入でも、**実費弁償**的な
　　もの（車代等）、**謝金**（原稿料、講演料等）、**社**
　　**会通念上、労働の対価とはいえないもの**（実家
　　が寺院の職員が、休日などに住職として法事に
　　呼ばれた際に檀家から受けるお布施等（昭
　　26.6.20行実））は**報酬に該当しない**。

## 2　営利企業等従事の許可と職務専念義務の免除

　　職員は、**任命権者の許可**を得れば、営利企業への
　従事（1の(1)～(3)に挙げた行為）が可能。ただし、
　それが**勤務時間中**にあたる場合は、別途、**職務専念**
　**義務の免除**または**年次有給休暇の承認**を受ける必要
　がある（許可＝自動的に職免、ではない）。

## 3　その他よく出る事項

　(1)　**人事委員会**は、営利企業等への従事許可につい
　　て、**一般的な基準**を定めることができる。
　(2)　**休職者**も、営利企業等従事制限の対象となる。
　(3)　営利企業等従事制限違反については、**罰則の適**
　　**用はない**（懲戒の対象にはなる）。

地方公務員法に定める営利企業等の従事制限に
関する記述として妥当なのは、次のどれか。

1　職員は、地方公共団体の特別職の職を兼ねてその
　報酬を得ることについては、任命権者の許可を得
　ることは必要でないとされている。

2　職員は、勤務時間内に国家公務員の職を兼ね報酬
　を受ける場合において、営利企業に従事する許可
　を任命権者より受けていれば、職務専念義務の免
　除を任命権者より受ける必要はない。

3　職員は、任命権者の許可を得ないで営利を目的と
　する私企業を営んだ場合には、地方公務員法の定
　める罰則を科されることがある。

4　営利企業とは、商業、工業又は金融業その他営利
　を目的とする私企業をいい、営利を目的とする場
　合であっても農業は含まれない。

5　人事委員会は、任命権者が職員に与える営利企業
　等に従事することの許可の基準が各任命権者で不
　均衡を生じないように、許可の一般的な基準を規
　則で定めることができる。

**解 答**

1 誤り。職員は、**地方公共団体の特別職の職を兼ね
てその報酬を得ることについては、任命権者の許
可を得ることが必要**であるとされている（昭
26.3.12行実）。

2 誤り。**国家公務員の職を兼ね報酬を受ける場合に**
おいて、任命権者から営利企業等の従事に係る**許
可を得ている場合であっても**、それが当該職員の
**勤務時間内であれば、別途職務専念義務の免除を
受ける必要**がある。

3 誤り。営利企業等従事制限に違反した場合につい
ては、罰則規定がない。ただし、懲戒の対象にはな
る。

4 誤り。「その他営利を目的とする私企業」には、
農業も含まれる。

5 正しい（38条2項）。

正答 5

## §20 退職管理

> 地方公務員法に定める退職管理に関する記述とし
> て、妥当なのはどれか。

1　営利企業等への再就職者は、離職前に担当したす
　べての職務に関して、職員に職務上の行為をするよ
　うに要求し、又は依頼してはならない。

2　職員は、営利企業等の再就職者から、その離職前
　の職務に関して要求又は依頼を受けた場合には、そ
　の旨を任命権者に届け出なければならない。

3　任命権者は、退職管理に関する規制違反行為の疑
　いがあると思慮するときは、人事委員会又は公平委
　員会に報告しなければならない。

4　人事委員会又は公平委員会は、規制違反行為の疑
　いがあると思慮するときは、任命権者に対し、調査
　を行うよう命令することができる。

5　地方公共団体は、条例で、職員の離職後の再就職
　情報の届出を義務付けることができるが、その違反
　者に過料を科す規定は設けられない。

解　答

1　誤り。再就職者が在籍していた地方公共団体と再就職先との間の**契約又は処分（契約等事務）**であって**離職前5年間の職務に関し、離職後2年間、職務**上の行為をする（しない）ように現職職員に要求・依頼することが禁止されている。なお、**幹部職員の場合**や、**自ら決定した契約・処分の場合**には、異なる取扱いが定められている（38条の2）。

2　誤り。**職員は、**営利企業等の再就職者から、その離職前の職務に関して**禁止されている要求又は依頼を受けた場合**には、人事委員会規則又は公平委員会規則で定めるところにより、**人事委員会又は公平委員会に届け出なければならない**（38条の2第7項）。

3　正しい（38条の3）。

4　誤り。**人事委員会又は公平委員会は、**規制違反行為の疑いがあると思慮するときは、**任命権者に対し調査を行うよう求める**ことができる（38条の5）。

5　誤り。**条例で10万円以下の過料を科する旨の規定**を設けることができる（65条）。

正答　3

## 解 説

> **Point!** 元職員による働きかけの規制範囲
> は、在職中のポストや職務内容により異な
> る。

## 1 元職員による働きかけの禁止（38条の2）

離職後に営利企業等に**再就職した元職員**（再就職者）に対し、**離職前の職務に関して、現職職員への働きかけを禁止** ※罰則規定あり

〔元職員の禁止行為〕

①在籍していた地方公共団体と再就職先との間の契約又は処分（**契約等事務**）であって**離職前5年間の職務に関し、離職後2年間**、職務上の行為をするように、又はしないように現職職員に要求・依頼することを禁止。

②**幹部職員であった者の特例**として、地方公共団体の長の直近下位の内部組織の長等で人事委員会規則（人事委員会を置かない団体は規則）で定める職（例：局長）については、契約等事務であって**離職前5年より前の当該職の職務に属するものも含めて離職後2年間禁止**。国の部課長級に相当する職も、**条例で定めれば同様に規制可**。

③**自ら決定した契約又は処分**に関しては、職務上の行為をするように、又はしないように現職職員に要求・依頼することについて、**期間の定めなく禁止**。

④行政庁による指定や委託を受けた者がその事務を

行うために必要な場合や、法令や契約に基づく権
利行使や義務履行など正当な理由がある場合は、
①〜③は適用しない。

〔現職職員の届出義務〕

　元職員から①〜③に記載する**要求・依頼を受け
た職員は、人事委員会（公平委員会）に届け出な
ければならない。**

## 2　退職管理の適正を確保するための措置（38条の6）

　**地方公共団体**は、国家公務員法の退職管理の規定
の趣旨及び職員の再就職状況を勘案して、**退職管理
の適正確保に必要と認められる措置を講ずる**ものと
されている。

## 3　再就職情報の届出（38条の6）

　地方公共団体は、**条例で**、元職員に対し、**再就職
情報の届出を義務付け、過料も科す**ことができる。

## 4　働きかけ規制違反に関する監視等（38条の3ほか）

　働きかけ規制に違反する行為を行った疑いがある
場合には、**当該違反行為について任命権者が調査を
実施**（なお、違反行為の疑いを把握した時、調査開
始・終了時は、人事委員会（公平委員会）に報告
（通知）義務あり）。**人事委員会（公平委員会）は任
命権者の調査を監視**（調査の要求や調査経過の報告
要求・意見陳述が可）。

## §21 研修

> 職員の研修に関する記述として妥当なのは、次のどれか。（主任）

1　研修は、人事における能力主義及び成績主義を実現するためのものであり、人事委員会が研修対象者の名簿を作成することになっている。
2　研修は、任命権者が自ら主催して実施する場合に限って認められており、他の機関に委託して行うことはできない。
3　研修は、職員の勤務能率の発揮や増進に資することを目的として行われている。
4　研修は、自己啓発が基本であり、任命権者は職員に対して研修を実施すべき責務は負っていない。
5　研修は、日常の職務の適正な執行を図るために実施されており、一般教養のように直接的に能率や技術の向上に結びつかないものは行えない。

1 誤り。職員に対する研修は、**地方公共団体**の定める**基本方針**に基づき**任命権者**が行うこととされている。なお、**人事委員会**は、任命権者に対して、**研修に関する計画の立案その他研修の方法**について、**任命権者に勧告できる**（39条2項〜4項）。

2 誤り。研修には、任命権者が自ら主催して行う場合に限らず、**他の機関に委託して行う場合、特定の教育機関に入所を命じた場合等を含む**ものとされる（昭30.10.6行実）。

3 正しい（39条1項）。

4 誤り。研修は、職員の「**勤務能率の発揮及び増進**」を目的として行うものであり、**任命権者は、職員に対して研修を実施し、毎年その実施状況を長に報告する責務**を負っている（39条2項、58条の2第1項）。

5 誤り。研修の目的については、選択肢4の解説参照。研修には、例えば税務、会計など、特定の職務に関するもの以外に、一般教養に関するものもある。

正答　3

# §22 人事評価

★★

> 人事評価に関する記述として、地方公務員法上、
> 妥当なのはどれか。

1 人事評価とは、職員がその職務を遂行するに当た
 り挙げた業績のみを把握した上で行われる勤務成績
 の評価をいう。

2 地方公務員法の適用を受ける職員の執務について
 は、その任命権者は、定期的に人事評価を行わなけ
 ればならない。

3 人事評価の基準及び方法は、人事委員会を置く地
 方公共団体においては、人事委員会規則で定めなけ
 ればならない。

4 人事委員会は、人事評価の結果に応じた措置を講
 じなければならない。

5 人事委員会は、人事評価の実施に関し、任命権者
 に勧告することはできない。

**解　答**

1　誤り。人事評価は、職員がその職務を遂行するに
　当たり「発揮した能力」及び「挙げた業績」を把握
　した上で行われる勤務成績の評価であり、**能力評価**
　**と業績評価の両面**から行うものとされる（6条1項）。

2　正しい（23条の2第1項）。なお、評価の対象は、地
　公法上のすべての職員であるため、再任用職員や、
　臨時的任用職員、会計年度任用職員も対象となる。

3　誤り。**人事評価の基準及び方法に関する事項**その
　他人事評価に関し必要な事項は、**任命権者**が定める
　（23条の2第2項）。

4　誤り。**任命権者は、人事評価の結果に応じた措置**
　を講じなければならない（23条の3）。

5　誤り。**人事委員会**は、人事評価の実施に関し、**任**
　**命権者に勧告**することができる（23条の4）。

正答　2

## §23 給与

★★★

職員の給与についての原則に関する記述として
妥当なのは、次のどれか。（主任）

1 　給与条例主義の原則は、給料を対象としたもので
　あり、各種の手当及び現物給与についてはその対
　象としていない。
2 　平等取扱いの原則は、職員の給与の決定について、
　職務の質や責任を勘案することを求めるものであ
　り、勤務成績を反映させることはこの原則に反す
　る。
3 　情勢適応の原則は、職員の給与について、社会一
　般の情勢に適応するように地方公共団体は随時適
　当な措置を講じなければならないとするものであ
　る。
4 　ノーワーク・ノーペイの原則は、職員の給与がそ
　の勤務の報酬であるとするものであり、給与の減
　額制度を設けることはこの原則に反する。
5 　給与支給上の原則は、給与は通貨で直接職員にそ
　の全額を支払うこととしているが、毎月1回以上一
　定の期日に支払うことまで求めているものではな
　い。

1　誤り。「給与」とは、職員の勤務に対する報酬として支給される金品のことであり、**給料のほか、扶養手当等の諸手当や現物給与を含む。これら給与はすべて、条例に基づいて支給**しなければならない（25条1項、自治法204条の2）。

2　誤り。職員の具体的な給与は、**職務の質や責任の度合い、職員の職務遂行能力や勤務成績などにより決定**されるが、このことは、地公法に定める平等取扱いの原則に反するものではない。

3　正しい。なお、**人事委員会の給与勧告**はこの例である。

4　誤り。**ノーワーク・ノーペイの原則**とは、給与支給の**前提となる勤務が行われないときには、給与は支給されない**という原則のことであり、**給与の減額制度**はこの原則のあらわれである。

5　誤り。給与は、法律又は条例で特に認められた場合を除き、**通貨で、直接職員に、その全額を支払わ**なければならない（25条2項）ことに加え、**毎月1回以上、一定の期日を定めて支払わなければならない**（労基法24条2項）。

正答　3

**Point!**　基本原則とその例外を押さえる。
職種ごとの微妙な差違にも注意。

## 1　給与決定及び支払の諸原則

(1)　給与決定の原則（24条）

① **職務給の原則**：職務と責任に応じた給与

② **均衡の原則**：生計費、国、他団体、民間等の
事情を考慮→人事委員会勧告（26条）

※ **地方公営企業職員、単純労務職員の給与に
ついては、同一又は類似の国及び地方公共団
体の職員の給与、当該当該公営企業の経営状
況**なども考慮事項となる（地公企法38条3項）。

③ **給与条例主義の原則**：給与は条例で定める。

※ 給与の具体的内容を条例で定めるが、支給
根拠自体は法律による（非常勤職員について
自治法203条の2、常勤職員〈短時間勤務職員
及び地公法22条の2第1項2号の職員を含む。〉
について自治法204条）。**法律に根拠のない給
与を条例のみに基づいて支給することは不可。**

※ 職員への**記念品、講師謝礼、業務に必要な
被服の支給**などは、どれも**給与にあたらない。**

※ **地方公営企業職員、単純労務職員の給与は、**
給与の**種類と基準のみを条例で定める**（地公
企法38条4項。具体的内容については労働協
約等により決定）。

※ **県費負担教職員**（身分上は市町村職員）の給与

は、**都道府県の条例**で定める（地教行法42条）。

(2)　給与支払い三原則（25条2項→**§38「賃金」**）

①　**通貨払いの原則**

※　給与を小切手で支払うことはできない。

②　**直接払いの原則**

※　給与の口座振込については、次の要件をすべて満たす場合に行える。ａ）職員の意思に基づく、ｂ）職員の指定する本人名義の口座に振込まれる、ｃ）振込まれた給与の全額が、給与支払日に引き出し可能

③　**全額払いの原則**

※　全額払い原則の例外として、所得税の源泉徴収、共済組合の掛金、債権の差し押さえ等

※　その他、職員の給与支払いに関しては、労基法上の、毎月・定期払いの原則（労基法24条2項）の適用がある。

(3)　給与支払い三原則の例外

給与支払い三原則は、①**法律又は条例で特に認められた場合**（25条2項）、②**地方公営企業職員**（**特定地方独立行政法人の職員を含む**）及び**単純労務職員**について**法律若しくは条例又は労働協約等に別段の定めがある場合**（労基法24条2項）には**一定の例外**を設けることができる。

## 2　特殊な場合の給与取扱い

**休職者の給与の取扱い**（事由ごとに定める割合の給与を支給）、**停職処分中**の者及び**在籍専従職員**（いかなる給与も支給されない）などがある。

> 職員の給与に関する記述として妥当なのは、次の
> どれか。

1　一般職に属する職員の給与は、その決定にあたって、職員の職務と責任に応ずるという職務給の原則によらなければならないので、生活給としての要素を加味することができない。

2　地方公営企業の職員の給与は、生計費、国家公務員の給与及び民間事業の従事者の給与などを考慮して定めなければならないが、当該地方公営企業の経営状況については考慮する必要がない。

3　地方公共団体が常勤職員に対し支給できる手当の種類については、地方自治法に定められており、これ以外の手当を条例で独自に定めて支給することはできない。

4　一般行政職員及び単純労務職員の給与については、給料表や具体的な額を条例で定めなければならないが、地方公営企業の職員の給与については、給与の種類と基準のみ条例で定めればよい。

5　教育職員のうち県費負担教職員の給与については、都道府県が負担するが、職員の身分は市町村に属するので、具体的な支給額は各職員が所属する市町村の条例で定められる。

1　誤り。一般職の職員の給与は、職務給の原則によることを基本としているが（24条）、普通昇給制度の運用などと結びつくことで、**生活給の要素も加味したものとなっている。**

2　誤り。地方公営企業の職員の給与は、**生計費、同一又は類似の職種の国及び地方公共団体の職員並びに民間事業の従事者の給与、当該地方公営企業の経営状況その他の事情を考慮して定めなければ**ならない（地公企法38条3項）。

3　正しい（自治法204条の2参照）。**法律に根拠のない給与その他の給付を、条例のみに基づいて支給することはできない。**

4　誤り。一般行政職員の給与については、給料表や具体的な額を条例で定めなければならないが、**地方公営企業の職員及び単純労務職員の給与については、給与の種類と基準のみ条例で定め、給料表や具体的な額などは、労働協約や企業管理規程等によって定めることとされている。**

5　誤り。**県費負担教職員の給与については、都道府県の条例で定められる**（地教行法42条）。

正答　3

# §24 勤務時間その他勤務条件

> 地方公務員法に定める休業に関する記述として、
> 妥当なのはどれか。

1　職員の休業の種類は、自己啓発等休業及び配偶者
　同行休業の2種類と定められている。
2　自己啓発等休業及び配偶者同行休業は、臨時的任
　用職員や非常勤職員に対しても承認できる。
3　自己啓発等休業及び配偶者同行休業をしている期
　間については、給与を一部支給する。
4　自己啓発等休業及び配偶者同行休業をしている職
　員は、懲戒及び分限の規定の適用を受ける。
5　自己啓発等休業及び配偶者同行休業をしている職
　員は、職務専念義務や営利企業等の従事制限の規定
　の適用は受けない。

**解 答**

1　誤り。職員の休業は、**自己啓発等休業、配偶者同行休業、育児休業及び大学院修学休業の4種類**とされる（26条の4）。なお、育児休業と大学院修学休業は、別の法律に定められている。

2　誤り。**臨時的任用職員、任期付職員、非常勤職員**は、**自己啓発等休業及び配偶者同行休業の対象から除外**されている（26条の5第1項）。

3　誤り。自己啓発等休業及び配偶者同行休業をしている**期間中は、給与を支給しない**（26条の5第3項、26条の6第11項）。

4　正しい。なお、自己啓発等休業及び配偶者同行休業の承認は、当該休業中の職員が**休職又は停職の処分を受けた場合には、その効力を失う**（26条の5第4項、26条の6第5項）。

5　誤り。自己啓発等休業及び配偶者同行休業をしている職員の服務については、**信用失墜行為、守秘義務及び営利企業等の従事制限の適用を受けるが、職務専念義務の適用は受けない**。

正答　4

（注）　勤務時間や休暇制度は、各自治体の例規集や職員ハンドブック等を参照のこと。

Point! 労基法との関連に注意。各種休業制度の要件、特徴などもチェック。

## 1 勤務時間

一般職の職員の勤務時間は**条例で規定**(24条5項)。その他、**地方公営企業職員**及び**単純労務職員**の勤務時間は**企業管理規程**や**労働協約**等による。

条例、企業管理規程等で定める勤務時間は、**労基法で定める基準を下回ることができない**(58条3項、労基法32条(→§39「労働時間」参照))。なお、**公務上の臨時の必要**(同33条3項)、**災害時**(同33条1項)など、**勤務時間に対する特例**に注意。

## 2 その他勤務条件

(1) 週休日、休日

週休日:**土日**(労基法上の「休日」に該当)。

休日:**祝日**などの法定休日、**年末年始**の休日、その他条例で定める休日。

(2) 年次有給休暇その他の休暇

特別の事情・条件に基づき勤務を要する日に**職務専念義務を免除**されること。**年次有給休暇**(→§43「年次有給休暇」)、**病気休暇**、**特別休暇**(各自治体の条例や職員ハンドブック等参照)等。

(3) 部分休業(26条の2、26条の3)

一定の場合に**1週間の勤務時間の一部**について、**任命権者が勤務しないことを承認できる制**

度。**修学部分休業**及び**高齢者部分休業**の2つ。

① 期間：修学部分休業は修学に必要な期間として**条例**で定める期間。高齢者部分休業は**条例で定める範囲内**で、職員が休業申請に示した期日から定年退職日まで。いずれも**本人の申請**に基づく。

② 給料：いずれも、**休業時間部分を減額支給**

## 3　休業制度（地公法26条の4ほか）

**自己啓発等休業、配偶者同行休業、育児休業**及び**大学院修学休業**の4つ。

(1) 自己啓発等休業

　大学等の課程の履修、国際貢献活動への参加のため条例で定める期間内（**上限3年**）で取得可能。休業期間中は**無給**。

(2) 配偶者同行休業

　外国勤務等により**外国に住所又は居所を定めて滞在する配偶者と生活を共にする**ため条例で定める期間内（**上限3年**）で取得可能。休業期間中は**無給**。**任期付採用や臨時的任用**で要員確保が可能。

(3) 育児休業（育休法）

　子供が**3歳に達する日**（非常勤職員は1歳～1歳6月の間で条例で定める日※）まで取得可能。休業期間中は**無給**（ただし条例により期末・勤勉手当等を支給可）。**任期付採用や臨時的任用**で要員確保が可能。育児短時間勤務や部分休業は育休法参照のこと。

※特に必要と認められる場合、2歳に達する日まで取得可能

# §25 勤務条件に関する措置要求

★★★

地方公務員法に定める勤務条件に関する措置の要求に関する記述として、妥当なのはどれか。
（主任）

1　措置要求制度は、正式に任用された職員に労働基本権制限の代償措置として認められたものであり、臨時的任用職員は措置要求を行うことはできない。

2　措置要求は、職員が単独又は他の職員と共同して行うことができるほか、職員団体も行うことができる。

3　人事委員会は、措置要求者からの請求があったときは、口頭審理を行わなければならないと定められている。

4　措置要求についての人事委員会の勧告は、法的な拘束力を有するものではないが、勧告を受けた地方公共団体の機関は、その実現に向けて努めなければならないとされている。

5　職員は、措置要求に対する判定があった場合、同一職員が同一事項について改めて措置の要求をすることはできないが、再審を請求して判定の修正を求めることはできる。

**解 答**

1　誤り。措置要求を行うことができる職員には、**臨時的任用職員や条件付採用期間中の職員も含まれる**。なお、**既に退職したものは措置要求を行うことができない**。

2　誤り。措置要求は、職員が単独又は他の職員と共同して行うことができるが、**職員団体**は一般的な勤務条件のみならず、職員個々の具体的な勤務条件についても**措置要求できない**。

3　誤り。人事委員会は、措置要求者からの請求があったときは、**口頭審理その他の方法による審査**を行うこととされている。すなわち、口頭審理のほか**書面審理等により行うことも可能である**。

4　正しい。

5　誤り。措置要求には一事不再理の原則の適用はないので、**同一事項について改めて措置要求を行うことができる**。措置要求に対する判定についての再審の手続はないが、措置要求が違法に却下されたり、審査手続が違法に行われた場合は、**取消訴訟の対象となる**。

正答　4

> **Point!** 誰が、何に対してできるものか。
> できないものは何か？

## 1 勤務条件に関する措置要求とは？（46条〜48条）

給与、勤務時間その他の勤務条件に関し、**人事委員会又は公平委員会に対して**、地方公共団体の当局により、**適当な措置が執られるべきこと**を要求する制度。**労働基本権の制約に対する代償措置**の一つ。

## 2 誰が行えるか（対象）？

よく出る例をざっと表でまとめると、以下のとおり。

| | 可否 | 備考（可否の理由） |
|---|---|---|
| 職員（個人） | ○ | 職員のための制度 |
| 職員（共同） | ○ | 個々の職員の共同は可 |
| 職員の代理人 | ○ | 民法上の授権代理は可 |
| **条件付採用の者** | ○ | 29条の2（※→ §6） |
| **臨時的任用職員** | ○ | 29条の2（※→ §6） |
| **公営企業職員** | × | 労働協約の締結が可能 |
| **単純労務職員** | × | 労働協約の締結が可能 |
| 特別職の職員 | × | 措置要求制度の適用外 |
| 退職者 | × | 既に職員の地位がない |
| **職員団体** | × | 職員に限定された制度 |

○：行える ×：行えない
※太字の者には注意（よく出るし、間違いやすい）

## 3 何に対して行えるか？（対象事項）

(1)　要求できる事項

　一般に、職員が勤務提供・継続の決心をするにあたり、考慮の対象となる利害関係事項。具体的には、**給料・勤務時間その他の勤務条件**（旅費、休日、執務環境改善、福利厚生等、広範に及ぶ）。

※　**当局の権限に属する事項**であることが必要。

※　例えば転勤などで、本人にとっては**過去のものとなった事項**についても措置要求できる。

※　作為の要求に加えて、**不作為の要求**（例：「今の制度を変えないでほしい。」）も可能。

(2)　要求できない事項

　**予算**の増額、**定数**の増減、**組織**の改廃、具体的な**人事権の行使**、**条例の提案**、**勤務評定**、**服務**に関することなど、**勤務条件そのものではない事項**

※　上記の事項に**関連する事項**については、それが**勤務条件である限り措置要求の対象**となる（例：職員住宅の設置）。

※　**既に条例で定められた事項**であっても、勤務条件に関するものであれば措置要求が可能。


**4　どこに行えるか、その結果どうなるか？**

(1)　審査機関：**人事委員会または公平委員会**

(2)　審査手続き：口頭審理その他の方法

(3)　判定結果の取扱い

　権限に属する事項→審査機関が自ら実行

　その他の事項→権限を有する機関に勧告（但し**法的拘束力なし**）

※　**要求行為を妨害した者**には**罰則**の適用あり。

地方公務員法に定める勤務条件に関する措置要
求に関する記述として妥当なのは、次のどれか。

1 職員は、措置要求に対する判定があった場合、同
 一職員が同一事項について改めて措置要求するこ
 とはできないが、再審を請求して判定の修正を求
 めることはできる。
2 措置要求は、一般の職員であれば、地方公営企業
 の職員や単純労務職員も行うことができるが、臨
 時的任用職員は、正式職員とは異なり任用期間が
 短期であるため行うことができない。
3 措置要求は、職員が当該地方公共団体の地位を有
 する限り、転勤等によりその職員にとって過去の
 ものとなった勤務条件についても行うことができ
 るが、退職した職員は職員としての地位を有しな
 いので行うことはできない。
4 措置要求は、職員の権利を具体的に保障するため
 のものであるから、審査機関は審査を継続する実
 益がないと判断しても要求者の取り下げがなけれ
 ば審査を打切ることができず、審査機関としての
 判断を示さなければならない。
5 措置要求のできる者は、職員個人に限られず、職
 員団体も職員の利益を代表するものとして措置要
 求をすることが認められている。

**解　答**

1　誤り。措置要求には一事不再理の原則の適用はないので、**同一事項について改めて措置要求を行うことができるが、再審の請求は認められない**（昭33.12.18行実）。

2　誤り。**臨時的任用職員は措置要求を行うことができる。**地方公営企業職員やいわゆる**単純労務職員**は、労働条件を団体交渉により決定する権利が認められ、労使間の紛争も労働委員会のあっせん、調停、仲裁の制度が適用されるので、**措置要求を行うことはできない**（地公企法39条1項、地公労法附則5）。

3　正しい。

4　誤り。措置要求をした職員が、死亡したり所在不明となったりして**審査の継続が不可能となった場合**や、要求事項の消滅などで**審査の実益がなくなった**ときは、審査機関である人事委員会や公平委員会は、**職権で審査を打切ることができる。**

5　誤り。措置要求をすることができるのは「職員」に限られるので、**職員団体が措置要求を行うことはできない。**

正答　3

地方公務員法に定める勤務条件に関する措置要
求に関する記述として妥当なのは、次のどれか。

1 措置要求の内容は、新たな法律関係を生じさせ、
又は既存の法律関係を消滅させ、もしくは変更す
るような作為に限られており、職員は現在の法律
関係を変更しないという不作為を要求することは
できない。

2 措置要求の対象となる事項には、職員の具体的な
権利・利益に影響を及ぼすものであれば、給与や
勤務時間などの一般的な勤務条件も含まれる。

3 措置要求の対象となる事項は、給与、勤務時間、
執務環境など勤務条件に関する事項全般にわたり、
職員定数の増減や、勤務評定制度の実施・改廃も、
勤務条件と密接に関わるので、措置要求の対象に
なる。

4 人事委員会は、措置要求を審査し、その判定結果
に基づいて、他の機関に属する事項については必
要な勧告を行わなければならないが、その際に条
例や規則の改廃に及ぶ内容を勧告することはでき
ない。

5 職員は、給与その他の給付に関して、勤務条件に
関する措置要求が認められる場合であっても、当
該職員の所属する地方公共団体の長に対し、地方
自治法に基づく審査請求をすることができる。

1　誤り。例えば、現在の勤務条件を変えないように、といったような、**不作為に対する措置要求も行うことができる**とされている（昭33.11.17行実）。

2　正しい。措置要求が行える「勤務条件」とは、職員が地方公共団体に対し勤労を提供するについて存する諸条件で、職員が勤務の提供・継続をするかどうかの決心にあたり、一般的に考慮の対象となる利害関係事項であるとされ、**給与、勤務時間から執務環境改善**に至るまで、その範囲は広範に及ぶ。

3　誤り。**職員定数や勤務評定制度の実施・改廃等は、**いずれも勤務条件そのものではないので、**措置要求を行うことはできない**。

4　誤り。人事委員会は、**条例や規則の改廃に及ぶ内容についても勧告することができる**（昭41.1.11行実）。

5　誤り。地方自治法206条に定める審査請求は、法律に「特別の定め」がある場合は行えないとされており、地公法上の措置要求がこの「特別の定め」に該当するので、**自治法に基づく審査請求は行えない**と解されている。

正答　2

（補足）措置要求の審査手続には、不利益処分に関する審査請求の場合と異なり、請求による**審査手続の公開は法定されていない**（→ §26解説4(3)参照）。

## §26 不利益処分に関する審査請求

★★★

地方公務員法に定める不利益処分に関する審査
請求についての記述として妥当なのは、次のど
れか。

1　審査請求の審査機関は、事案の審査にあたっては、
審査の公平性を確保するため必ず口頭審理を行わ
なければならない。

2　審査請求の審査機関は、処分の取消しの裁定をし
た場合は、任命権者に対して当該処分の承認、修
正又は取り消しの勧告を行わなければならない。

3　職員は、条件付採用期間中であっても不利益処分
に関する審査請求を行うことができるが、単純労
務職員においては、これを行うことができない。

4　職員は、不利益処分を受けた場合、処分があった
日の翌日から起算して1年を経過したときは、審査
請求を行うことができない。

5　職員は、免職処分を受けた場合、現に職員でない
ことから当該処分に関する審査請求を行うことが
できない。

解 答

1　誤り。審査機関が事案を審査する方法は原則として任意であり、**書面審理、口頭審理又はその併合のいずれの方法でもよい**（50条1項。ただし、**本人が請求した場合は、口頭審理を行わなければならない**）。

2　誤り。審査機関の裁定は、形成的効力があるため、**任命権者の何らの処分を待つことなく、判定に従った効力が当然に生じる**（昭27.9.20行実）。

3　誤り。いわゆる単純労務職員と同様に、**条件付採用期間中の職員も審査請求を行うことはできない**（29条の2）。

4　正しい。審査請求は、**処分があったことを知った日の翌日から起算して3月**、または処分のあったことを知らない場合であっても**処分があった日の翌日から起算して1年を経過したときは、これを行うことができない**（49条の3）。

5　誤り。不利益処分に関する審査請求を行うことができる者は、一定の不利益処分を受けた者であり、**免職された職員など、現に職員でない者もこれに含まれる**（昭26.11.27行実）。

正答　4

> **Point！** 措置要求との違いは？ また、手続の特徴は？

## 1 不利益処分に関する審査請求とは？

　違法または不当な処分を受けた職員の利益を保障するための制度。

## 2 誰が行えるか（対象）？

　ざっと表でまとめると、以下のとおり。

| | 可否 | 備考（可否の理由） |
|---|---|---|
| 職員（個人） | ○ | 不利益を受けた職員 |
| 職員の代理人 | ○ | |
| 免職処分の者等 | ○ | 免職処分＝不利益 |
| 条件付採用の者 | × | 29条の2（※→ §6） |
| 臨時的任用職員 | × | 29条の2（※→ §6） |
| 公営企業職員 | × | 地公企法39条（※→ §51） |
| 単純労務職員 | × | 地公労法附則5項（※→ §51） |

　○：行える　×：行えない

## 3 何が不利益処分にあたるか（対象事項）？

　(1)　不利益処分になるものとして、**懲戒処分、分限処分**、平等取扱い原則の違反行為、職員団体活動に関する不利益取扱いなどがある。

　(2)　一般に不利益処分にあたらないとされているものに、**転任命令、普通昇給が行われない場合**、勤勉手当や給与の減額、年次有給休暇の不承認などがある。

## 4　手続の内容

(1)　審査機関：**人事委員会又は公平委員会**

(2)　審査請求の期間：処分があったことを**知った日の翌日から3月以内**、または**処分の翌日から1年以内**（49条の3。※任命権者の**不作為**に対しては審査請求が**行えない**）。

(3)　審査手続：書面審理もしくは口頭審理またはその併合（50条1項。ただし**職員から請求があったときは口頭審理**。当該職員から**公開の請求があったときは口頭審理を公開**で行う）。

(4)　結果：処分の承認、修正（※）、取り消し、のいずれかの**判定**を行う（50条3項。措置要求の場合と異なり、**法的拘束力あり→任命権者自らの処分取消し等は不要**（形成的効力）。**処分の時点に遡って、判定の効力が生じる**）。

※　当初の処分をより重いものにしたり、例えば分限処分を懲戒処分(まったく違う種類の処分）に修正するようなことはできない(昭27.11.11行実)。


## 5　審査請求と訴訟との関係（51条の2）

(1)　人事委員会又は公平委委員会に審査請求を行い、**裁決を経た後でないと**、取消訴訟（※）を提起できない（**訴願前置主義**）。

※似た制度に**無効確認の訴え**があるが、こちらは**審査請求を経ずいつでも訴えの提起が可能**。

(2)　審査請求があった日から**3か月過ぎても裁決がない**、など一定の事由があるときには**判定を経ずに、取消訴訟を提起できる**。

地方公務員法に定める、不利益処分に関する審
査請求についての記述として妥当なのは、次の
どれか。

1　職員は、懲戒処分及び分限処分のほか、普通昇給
　が行われない場合や職員の同意の下に行われた降
　任についても、審査請求を行うことができる。
2　職員は、人事委員会に対して審査請求を行うこと
　ができる場合においても、審査請求を経ずに不利
　益処分の取消しの訴えを提起することができる。
3　人事委員会は、審査請求の審査の結果に基づいて、
　その処分を取り消し、及び必要がある場合には、任
　命権者にその処分によって受けた不当な取扱いを
　是正するための指示をしなければならない。
4　審査請求の対象となる処分は、職員の意に反する
　不利益な処分であり、職員の行った申請に対する
　不作為も含まれる。
5　審査請求をすることのできる職員には、不利益処
　分を受けた職員であれば、臨時的任用職員や地方
　公営企業の職員も含まれる。

**解 答**

1　誤り。**普通昇給が行われない場合**については、具体的な処分があったとは言えないため、**審査請求を行うことはできない**とされている（昭29.7.19行実）。また、**職員の同意に基づく降任は、本人の意に反する不利益処分ではない**ので審査請求はできない。

2　誤り。不利益処分に関する審査請求は、**先に人事委員会（公平委員会）に対して審査請求を行い、裁決を経た後でなければ出訴できない**（51条の2、**訴願前置主義**）。

3　正しい（50条3項）。

4　誤り。**職員がした申請に対する不作為**（例えば、職員が行った職免申請に対して、任命権者が承認・不承認のいずれの判断も出さないような場合）については、処分に該当しないので、**審査請求を行うことができない**。なお、49条第1項に定める**不利益処分以外の処分**についても、同様に審査請求を行うことができないとされている（49条の2第2項）。

5　誤り。**臨時的任用職員や地方公営企業職員は不利益処分に関する審査請求を行うことができない**（29条の2第1項、地公企法39条1項）。

正答　3

# §27 職員団体

★★★

地方公務員法に定める職員団体に関する記述として、妥当なのはどれか。（主任）

1  職員団体は、職員がその勤務条件の維持改善を図ることを目的として組織する団体又は連合体であるため、副次的に親睦団体として社会的、厚生的事業を目的とすることは禁止されている。

2  管理若しくは監督の地位にある職員又は機密の事務を取り扱う職員は、それ以外の職員と同一の職員団体を組織することができるが、職員団体として登録することはできない。

3  警察職員及び消防職員は、職員の勤務条件の維持改善を図ることを目的とし、かつ、地方公共団体の当局と交渉する団体を結成し、若しくは、結成せず、又はこれに加入し、若しくは加入しないことができる。

4  職員団体は、条例で定めるところにより、理事その他の役員の氏名及び条例で定める事項を記載した申請書に規約を添えて、人事委員会又は公平委員会に登録を申請することができる。

5  職員は職員団体の業務にもっぱら従事することはできないが、登録を受けた職員団体の構成員が、人事委員会又は公平委員会の許可を受けた場合、在籍専従職員となることができる。

**解 答**

1　誤り。**職員団体の主たる目的は「職員がその勤務条件の維持改善を図ること」**（52条1項）であるが、主たる目的が勤務条件の維持改善であれば、副次的に社交的、厚生的な目的を併せ持っても差し支えないと解されている。

2　誤り。**管理職員等と管理職員等以外の職員とは、同一の職員団体を組織することができない**（52条3項）。なお、管理職員等であっても、管理職員等以外の職員が混在していなければ職員団体を組織することは可能である。

3　誤り。**警察職員及び消防職員**は、職員の勤務条件の維持改善を図ることを目的とし、かつ、地方公共団体の当局と交渉する団体を結成し、又はこれに加入してはならない（52条5項）。

4　正しい（53条1項）。

5　誤り。在籍専従に係る許可権者は、人事委員会又は公平委員会ではなく**任命権者**である（55条の2第1項）。また、在籍専従が認められるのは、**登録団体の役員として当該職員団体の業務にもっぱら従事する場合**である。

正答　4

Point! 労働組合とどこが違うのか？
また、誰が結成・加入できるか？

## 1 労働基本権の制限（37条、55条ほか）

ざっと表でまとめると以下のとおり。

|  | 団結権 | 団体交渉権 | 協約締結権 | 争議権 |
|---|---|---|---|---|
| 一　般　職　員 | ○ | ○ | × | × |
| 地方公営企業職員(※) | ○ | ○ | ○ | × |
| 警察・消防職員 | × | × | × | × |
| 単　純　労　務　職　員 | ○ | ○ | ○ | × |

※特定地方独立行政法人の職員を含む。

## 2 職員団体(52条)

⑴ 目的：職員の勤務条件の維持改善（※）

※ 副次的に文化的目的などを併せ持つことも可能。

⑵ メンバー：一般職員、単純労務職員等（これら
の者が主体となって組織されていれば、その他の
者（民間企業職員など）が若干名加わっていても
ＯＫ（警察・消防職員については次項参照）。

⑶ 加入できない者：地方公営企業職員（別に労働
組合を組織）、警察職員・消防職員（職員団体、
労働組合のどちらも結成・加入不可）

※ 単純労務職員は職員団体、労働組合のどちら
も組織できる。

※ オープンショップ制を採用（職員団体への加
入・不加入は職員の自由）。

※　管理職は、一般職員と同一の職員団体へは加入不可（管理職独自の職員団体結成は可能）。

## 3　職員団体の登録（55条）

条例に基づき、**人事委員会**（公平委員会）に申請

(1)　登録の要件（53条2項～4項）

①　団体の規約に法定必要事項の記載がある。

②　重要事項を民主的手続により決定。

③　構成員が原則として、**同一の地方公共団体の職員のみによって組織**されている。

※　**登録維持**のための要件としても必要。

(2)　登録団体の**特典**

①　**当局の交渉応諾義務**（55条。但し登録を受けていない団体も当局と交渉は可能）。

②　**法人格の取得**が可能（法人格付与法3条1項）。

③　職員の**在籍専従**が可能になる（55条の2）。

(3)　在籍専従制度（55条の2）

①　職員が本来の地方公共団体の事務に従事することなく、**登録団体の役員として当該職員団体の業務にもっぱら従事**すること。

②　専従期間は通算（在職期間）**7年以下の範囲内**（**職員団体**（地公法）での専従期間と**労働組合**（地公労法）での専従期間を**全て通算**する）で、**人事委員会規則又は公平委員会規則で定める期間**（法附則20項）。

③　専従職員の身分：**休職者扱い**（職員の身分・職は保有するが、職務専念義務は免除）。

※　専従期間中いかなる給与も支給されない。

類　題

地方公務員法に定める職員団体に関する記述と
して妥当なのは、次のどれか。

1　職員は、職員団体が結成されている場合は必ず加
　入しなければならず、加入しない場合は職員団体
　の承認が必要になる。

2　職員団体の構成員は、必ずその地方公共団体の職
　員でなければならないが、警察職員と消防職員は
　職員団体の構成員になることができない。

3　職員団体は、職員が勤務条件の維持改善を図るこ
　とを目的として組織する団体であり、職員の勤務
　条件の維持改善以外に社交的目的又は文化的目的
　を持つことはできない。

4　職員団体は、人事委員会又は公平委員会において
　登録を受けたときは、その登録自体の効果として
　法人格を取得するとともに、勤務条件に関する措
　置要求の当事者となることができる。

5　職員団体の取消しを行う場合は、人事委員会又は
　公平委員会はあらかじめ聴聞を行わなければなら
　ず、当該職員団体から請求があったときは公開に
　より聴聞を行わなければならない。

**解　答**

1　誤り。職員団体への加入はいわゆる**オープンショ
ップ制**がとられており、**職員は各自の自由意思で
団体への加入や団体からの脱退ができる**（52条3
項）。

2　誤り。職員団体は、**その地方公共団体の一般職員
及び単純労務職員で構成**されていることが基本で
あるが（地方公営企業の職員は別に労働組合を結
成できるので、職員団体の構成員にはなれない）、
**それ以外の者が若干加入していても職員団体とし
ての資格を失わないとされる。**ただし、**警察職員
及び消防職員は団結権がないので、職員団体の構
成員となることはできない。**

3　誤り。主たる目的が勤務条件の維持改善であれば、
**副次的に社交的目的や文化的目的を併せ持つこと
もできる。**

4　誤り。登録を受けた職員団体が**法人格を取得**する
ためには**人事委員会または公平委員会への申し出
が別途必要**である（職員団体等に対する法人格の
付与に関する法律3条1項3号）。また、**職員団体は
勤務条件に関する措置要求の当事者となることは
できない**（昭26.11.21行実）。

5　正しい（53条7項）。

正答　5

地方公務員の労働基本権に関する記述として、
妥当なのはどれか。（主任）

1　公務員の労働基本権の制限については、学説上議
　論があるが、判例では、憲法に違反するとされて
　いる。

2　ＩＬＯ第87号条約（結社の自由及び団結権の保護
　に関する条約）は、労働者一般の結社の自由及び
　団結権の保護に関する基本原則を定めたもので、
　日本も批准しているが、公務員には一切適用され
　ない。

3　ＩＬＯ第98号条約（団結権及び団体交渉権につい
　ての原則の適用に関する条約）は、労働者一般の
　団結権及び団体交渉権に関する原則の適用を定め
　たものであり、日本も批准しているが、公務員に
　は一切適用されない。

4　地方公営企業の職員及び単純労務職員に対しては、
　その職務の性質にかんがみ、一般の民間企業の労
　働者と同様の争議権が認められている。

5　団結権、団体交渉権、争議権のいわゆる労働三権
　が認められていないのは、警察職員及び消防職員
　だけである。

1　誤り。公務員の労働基本権の制限について判例は「公務員の**地位の特殊性と職務の公共性**に鑑みるときは、これを根拠として公務員の労働基本権に**必要やむを得ない程度の制限を加える**ことは**十分合理的な理由がある**」として、**合憲の立場をとって**いる（最判昭48.4.25全農林警職法事件ほか）。

2　誤り。日本は（労働）団体設立の自由、団体自主運営の原則、行政権限による干渉の禁止などを定めた**ＩＬＯ第87号条約を批准**しており、この条約は**警察・消防職員の団結権の禁止**など**一定の例外**があるものの、**基本的に公務員にも適用**される。

3　誤り。日本はいわゆる黄犬契約（労働組合への未加入、脱退を条件とする雇用契約）の禁止、労使の相互不介入、自主的交渉手続の発達及び利用の奨励などを定めた**ＩＬＯ第98号条約を批准**しているが、この条約は**地方公営企業職員、単純労務職員以外の地方公務員**には**適用されない**（同条約6条）。

4　誤り。**地方公営企業職員**及び**単純労務職員**についても**争議権は認められていない**（地公労法11条）

5　正しい（52条5項）。

正答　5

地方公務員法に定める職員団体の登録に関する
記述として妥当なのは、次のどれか。(管試)

1　職員団体の登録は、職員団体が地方公共団体に現
　に在職する職員のみで組織されていることが要件
　とされ、長から免職された者を当該職員の役員と
　している職員団体の登録は認められない。

2　職員団体の登録は、職員団体がその役員の選任に
　ついて、構成員の直接かつ秘密の投票により決定
　していることが要件とされるが、役員の選任を除
　く規約の決定又は変更について同様の投票による
　ことは要件とされない。

3　職員団体の登録は、職員団体が自主的かつ民主的
　に組織されていることを公証する行為であり、人
　事委員会または公平委員会が第三者機関の立場で
　これを行うものである。

4　登録を受けた職員団体は、その主たる所在地の法
　務局で登記することにより、初めて法人格を取得
　することができ、法人格を取得した職員団体は、
　任命権者の許可を受けた職員をもっぱらその役員
　としての業務に従事させることができる。

5　登録を受けた職員団体は、登録要件のいずれかを
　欠く事実が発生した場合には、自動的に登録の効
　力が失われるため、当局と交渉する資格を喪失す
　る。

**解 答**

1 誤り。職員団体が登録を受けるためには、職員の
　みで組織されていていることが原則である。ただ
　し例外的に、**分限（懲戒）免職処分を受け、処分
　の日の翌日から起算して1年以内の者又はその期間
　内に争訟を提起して係争中の者、及び現にその団
　体の役員である非職員を構成員としている場合は、**
　それにより登録要件を欠くことにはならないとさ
　れている（53条4項）。

2 誤り。法は、**規約の作成又は変更についても、構
　成員の直接かつ秘密の投票により決定している**こ
　とを登録の要件としている（53条3項）。

3 正しい。

4 誤り。登録を受けた職員団体は、法人となる旨を
　**人事委員会又は公平委員会に申し出る**ことで法人
　となることができる（職員団体等に対する法人格
　の付与に関する法律3条1項3号）。また、**登録を受
　けた職員団体**であれば、法人格の有無にかかわら
　ず在籍専従職員を置くことが可能である（55条の2
　第1項参照）。

5 誤り。登録要件のいずれかを欠く事態が発生した
　場合、人事委員会又は公平委員会は、**条例で定め
　るところにより、その職員団体の登録の効力停止
　あるいは取消しのいずれかを行う**（53条6項）。

正答　3

# §29 職員団体と当局との交渉

**★★**

> 職員団体と地方公共団体の当局との交渉に関する記述として、地方公務員法上、妥当なのはどれか。(区管試)

1　職員団体は、法令、条例、地方公共団体の規則及び地方公共団体の機関の定める規程に抵触しない限りにおいて、当該地方公共団体の当局と団体協約を締結することができる。

2　職員団体は、特別の事情があるときは、当該職員団体の役員以外の者を指名して、交渉にあたらせることができるが、地方公共団体の当局は、当該地方公共団体の職員以外の者を指名して、交渉にあたらせることができない。

3　職員団体と地方公共団体の当局は、適法な交渉にあたっては、予備交渉により、議題、時間、場所その他必要な事項をあらかじめ取り決めておかなければならないが、緊急の場合には、当該予備交渉を省略することができる。

4　地方公共団体の当局は、人事委員会又は公平委員会の登録を受けていない職員団体であっても、当該職員団体と勤務時間中において適法な交渉を行える。

5　地方公共団体の当局は、人事委員会又は公平委員会の登録を受けていない職員団体であっても、当該職員団体から適法な交渉の申し入れがあった場合、その申し入れに応じる義務を負う。

**解　答**

1　誤り。職員団体と地方公共団体の当局との交渉は、**団体協約を締結する権利を含まない**（55条2項）。なお、職員団体は、法令等に抵触しない限りにおいて、地方公共団体の当局と「**書面による協定**」を結ぶことができる（55条9項）。

2　誤り。地方公共団体の**当局から権限の一部を委任された者や当局の代理者なども、その限りにおいて当局の地位に立つ**（交渉の当事者となる）とされる。

3　誤り。**予備交渉を省略することはできない**（55条5項）。ちなみに、予備交渉を行わない場合や予備交渉が整わなかった場合、当局は本来の交渉に応じる必要はなく、また、交渉において、予備交渉で定める条件に反する状態が生じたときは、労使双方ともに交渉を打ち切ることができる。

4　正しい。人事委員会又は公平委員会の登録を受けていない職員団体（**非登録職員団体**）についても、55条2項以下の規定が適用されるので、当局が交渉の申し入れに応じた場合は、勤務時間中に適法な交渉を行うことができる。

5　誤り。**非登録職員団体には、55条1項の規定が適用されない**ので、登録を受けた職員団体の場合と異なり、当局は申し入れに応じる義務はない（交渉に応じるかどうかは当局が任意に判断）。

正答　4

Point!　交渉当事者の要件及び交渉手順、
書面協定の効力、交渉中の職員の取扱い
などに注目。

## 1　交渉の申し入れ（55条1項）

　登録団体から適法な交渉の申し入れがあった場合、当局は交渉に応ずべき立場に立つ（応諾義務）。

※　非登録団体も交渉申し入れはできる（地公法上当局に交渉応諾義務はなく、任意に判断）。

## 2　交渉の相手方の「当局」とは？（55条4項）

　交渉事項について適法に管理し、または決定することができる地方公共団体の当局を指す。

## 3　予備交渉とは何か、誰が交渉の当事者となるか？

(1)　予備交渉：交渉に先立ち交渉代表者の**員数、議題、時間、場所その他必要事項**を取り決めること。

※　予備交渉を**行わない場合**や、予備交渉が**整わない場合**は、**本来の交渉に応じる必要がない**。

(2)　交渉当事者：職員団体側は原則として**当該職員団体の役員の中から職員団体が指名する者**、当局側は当局の指名するものがそれぞれ当事者となる（55条5項）。

※　**双方とも、場合により、第三者**（例：弁護士）を交渉当事者として指名することができる。

## 4　交渉の議題、交渉時間（55条3項、8項）

(1)　議題となる事項：職員の給与、勤務時間その他勤務条件、附帯事項（社交的、厚生的活動）

(2)　議題とならない事項：地方公共団体の**管理運営事項**（予算編成、議案提案、定数決定など。ただし、**管理運営事項の処理の結果、影響を受ける勤務条件**については**交渉の対象となる**）

(3)　交渉時間：**適法な交渉は、勤務時間内にも行う**ことができる。

　　※　在籍専従職員**以外**の職員については、勤務時間内の交渉については、法律上**職務専念義務が免除される**が（ただし職務専念義務の免除申請は別途必要→**§16「職務専念義務」**）、その間の**給与**については**支給の有無を条例で定める**（いわゆる「ながら」条例）。

(4)　交渉の打切り：予備交渉違反、交渉の妨害、地方公共団体の正常な業務の阻害などが生じたときは、交渉時間中でも、**労使双方の側から交渉を打ち切れる**（どちらかの側の**一方的な意思表示で足りる**）。

## 5　書面協定（55条9項）

　　**職員団体は団体協約を結ぶことはできない**が、合意事項について**書面協定**を結ぶことができる。

※　合意事項についての書面協定には締結義務がなく、口頭による約束でもよい。

※　書面協定は**法的拘束力なし**（道義的責任のみ）。

地方公務員法に定める職員団体と当局との交渉
に関する記述として妥当なのは、次のどれか。

1  地方公共団体の当局は、給与、その他の勤務条件
　に関して交渉に応ずべき地位に立つが、勤務条件が
　予算の編成に関する事項のような管理運営事項と密
　接な関係を持つ場合には、当該勤務条件については
　交渉することができない。

2  地方公共団体の当局は、登録を受けた職員団体か
　ら適法な交渉の申し入れがあった場合には、その申
　し入れに応ずべき地位に立つが、予備交渉を経ない
　でされた交渉の申し入れには応ずべき地位に立たな
　い。

3  地方公共団体の当局は、非登録団体から適法な交
　渉の申入れがあった場合には、必要に応じて交渉を
　行うことができるが、非登職員団体と勤務時間中に
　交渉を行うことはできない。

4  地方公共団体の当局は、議題、場所等職員団体と
　あらかじめ取り決めた事項に従って交渉が行われて
　いる場合に、座り込みやピケッティングによって職
　員の職務遂行に支障が生じても、交渉を打ち切れな
　い。

5  地方公共団体の当局は、職員団体との間で団体協
　約を締結することはできないが、交渉の結果、合意
　に達した事項を書面協定によって明確にしなければ
　ならず、口頭による約束に代えることはできない。

**解 答**

1　誤り。地方公共団体の管理運営事項そのものについては交渉の対象とはならないが（55条3項）、**管理運営事項と密接な関連を有する事項については、勤務条件である限り交渉の対象となりうる。**

2　正しい。**予備交渉が行われない場合や予備交渉が整わなかった場合には、当局は職員団体との交渉に応じる必要がない。**

3　誤り。地方公共団体の当局は、**非登録団体とも、勤務時間中に交渉を行うことができる**（当局との交渉のルールを定めた55条2項以下の規定は登録・非登録を問わず、すべての職員団体に対して適用される）。

4　誤り。設問のような場合には、当局は交渉を打ち切ることができる（55条7項）。

5　誤り。交渉の結果合意に達した事項については、法令等に抵触しない限りにおいて書面協定を結ぶことができるが、**必ず書面協定によらなければならない訳ではなく、口頭による約束でも足りるものとされている。**ちなみに、**書面協定については、法律上の拘束力はなく、原則として道義的責任が生じるにとどまる**（一種の紳士協定）。

正答　2

## §30 在籍専従

地方公務員法に規定する職員団体のための職員の行為の制限に関する記述として、妥当なのはどれか。(区管試)

1　職員は、任命権者の許可を受ければ、職員団体の役員としてその業務にもっぱら従事することができ、この場合に当該職員団体が人事委員会又は公平委員会へ登録しているか否かは問わない。

2　職員が職員団体の業務にもっぱら従事するために任命権者が行う許可は、任命権者が相当と認める期間であるため、その許可の有効期間を定める必要はない。

3　任命権者の許可を受けて役員として職員団体の業務にもっぱら従事している職員が、当該職員団体の役員でなくなった場合であっても、当該職員団体の業務にもっぱら従事していれば、当該許可が取り消されることはない。

4　任命権者の許可を受けて役員として職員団体の業務にもっぱら従事している職員は、当該許可が効力を有する間は、休職者となり、いかなる給与も支給されない。

5　職員は、給与を受けながら、職員団体のためその業務を行ってはならないので、勤務時間中の適法な交渉を行う場合又は年次有給休暇を取得している場合であっても、職員団体の活動のために活動することはできない。

**解 答**

1　誤り。**在籍専従職員は、登録を受けた職員団体のみ認められる**（55条の2第1項）。

2　誤り。任命権者は許可の**有効期限を定める**（55条の2第2項）。なお、**在籍専従の期間は7年以下の範囲内で人事委員会規則又は公平委員会規則で定める期間**が限度（附則20項）。

3　誤り。**役員として登録を受けた職員団体の業務にもっぱら従事する者でなくなった場合は取り消される**（55条の2第4項）。

4　正しい（55条の2第5項）。在籍専従職員は、その期間、**休職者**として扱われ、**職員としての身分及び職は保有する**が、いかなる給与も支給されない。また、その期間は、**退職手当の算定基礎となる勤続期間に算入されない**。

5　誤り。職員は、適法な交渉を行う場合など**条例で定める場合、給与を受けながら職員団体のため活動することができる**（55条の2第6項）。

正答　4

（補足）地方公営企業職員等で構成する労働組合の在籍専従職員も地公労法で同様の定めがある。ただし、在籍専従の期間は7年以下の範囲内で労働協約で定める期間が限度

# §31 共済

> 地方公務員共済制度に関する記述として妥当な
> のは、次のどれか。(主任)

1 地方公務員共済組合は、各地方公共団体の条例に
  基づき、職員の福利厚生の増進を図る目的で設立さ
  れた組織である。
2 短期給付は、厚生年金保険法の保険給付に相当す
  るもので、療養の給付及び療養費、出産費、傷病手
  当金などがある。
3 長期給付は、健康保険法による給付に相当するも
  ので、退職共済年金、障害共済年金、障害一時金な
  どがある。
4 福祉事業は、組合員の福祉の増進を目的とするも
  ので、組合員の健康保持増進のための事業、保健や
  保養のための施設経営などがある。
5 地方公務員共済組合の財源は、組合員の掛金と地
  方公共団体の補助金で構成されており、補助金は毎
  年度地方公共団体の予算の範囲内で交付される。

**解 答**

1 誤り。地方公務員共済組合は、職員の病気、負傷、出産等に関して適切な給付を行うための**相互救済を目的として**設立された組織であり、**法律（地共法）により設置**されている。

2 誤り。**短期給付**は、**健康保険法による保険給付に相当するもの**であり、療養の給付及び療養費の支給、出産費、傷病手当金などがある。

3 誤り。**長期給付**は、**厚生年金保険法による年金等に相当するもの**であり、退職共済年金、障害共済年金、遺族共済年金及び障害一時金から構成される。

4 正しい。

5 誤り。「補助金」ではなく「負担金」である（地共法113条）。また、地方公務員共済組合への地方公共団体の負担金は、**法律で定める率により算定される**ものであり、地方公共団体は当該**負担金を任意に削減しえない**（**義務的経費にあたる**）。

正答　4

（補足）地方公務員共済組合員は、従来、常勤職員（常勤並みに働く非常勤職員を含む。）に限られていたが、令和4年10月から被用者保険（厚生年金・健康保険）の適用対象である非常勤職員にも拡大されている。

# §32 公務災害補償

> 地方公務員の公務災害補償制度に関する記述と
> して、妥当なのはどれか。（主任）

1　地方公務員災害補償法では、公務上の災害につい
　て使用者である地方公共団体等に過失があった場合
　についてのみ補償義務が発生すると規定している。

2　地方公務員災害補償法の適用を受ける職員は、全
　ての常勤職員及び非常勤職員であり、全国の地方公
　務員について統一的に行われている。

3　公務災害の認定要件としては、職員が公務に従事
　し任命権者の支配下にあること及び公務と災害との
　間に相当因果関係があることが認められなければな
　らない。

4　通勤災害の認定要件は、通勤の途上で発生した災
　害が対象であり、その経路を逸脱又は中断した場合
　でも、通勤の途上であれば、その間及びその後の移
　動中の災害も全て災害認定の対象となる。

5　公務災害の補償は、傷病補償年金を除き、当該補
　償を受けるべき職員又はその遺族等からの請求の有
　無を問わず、地方公共団体側が公務災害の認定行為
　をした上で補償を行うとしている。

1 誤り。公務上の災害について**使用者の無過失責任主義**をとっており、地方公共団体等に過失がなくても補償義務が発生する。

2 誤り。**地方公務員災害補償法の適用を受ける職員は、常勤職員**であり、非常勤職員に対する補償制度は、各地方公共団体が条例で定めることになっている（地公災法69条）。

3 正しい。

4 誤り。通勤災害の認定要件は、通勤の途上で発生した災害が対象であり、**その経路を逸脱または中断した場合には、その間及びその後の移動中の災害は除かれる**。ただし、当該逸脱又は中断が、日用品の購入や病院での診療など**日常生活上必要なやむを得ない最小限度のものである場合は、当該逸脱又は中断の間を除き、この限りでない**（地公災法2条3項）。

5 誤り。傷病補償年金を除く各種補償の実施に当たっては、**当該補償を受けるべき職員またはその遺族等の請求に基づく請求主義**をとっている。

正答　3

> **Point!** 無過失責任主義などの制度の特
> 徴と、公務災害（及び通勤途上災害）の
> 要件を押さえる。

## 1 公務災害補償制度とは？

　職員の公務による死亡、負傷、疾病等による損害
の補償を迅速かつ公正に実施するための制度。「**公
務上の災害（補償）**」と「**通勤途上の災害（補償）**」
の2つに大きく分かれる（地公災法1条）。

(1) 特徴：**無過失責任主義**（公務による災害であれ
ば、地方公共団体に過失がなくても補償義務が発
生）がとられている。

(2) 対象：地方公共団体等の**常勤職員（特別職や短
時間勤務職員を含む）**及び一般地方独立行政法人
の役員並びに**常勤職員（短時間勤務職員を含む）**。
**非常勤職員は、他の法律や各地方公共団体の条例**
による（地公災法69条）。

(3) 地方公務員災害補償基金：公務災害に関する各
地方公共団体の**代行機関**として、**地公災法により
設置**されている法人。**各地方公共団体の負担金で
運営**されている（地公災法3条～23条）。

## 2 公務災害の認定

　公務災害補償を受けようとする者の**請求に基づ
き、基金が認定する（請求主義、**地公災法25条2項**）。
　公務上の災害と判断されるためには、①**業務遂行**

性（災害が使用者の**支配管理下**で発生）、②**業務起因性**（災害の発生が職務遂行と**相当因果関係にある**）の2つの**要件を満たすことが必要**。具体的には、地方公務員災害補償基金が設けた認定基準に基づき、個々のケースについて判断する。

○　通勤途上災害の認定（地公災法2条2項、3項）

　　職員が勤務のため住居と勤務場所の間を**合理的な経路および方法**で往復していることが要件。

　※　通勤途上の災害であっても、別途公務災害として認定されるものは除かれる。

　※　途中経路を逸脱したり中断した場合、それが日用品の購入、病院での診療など、**日常必要なやむを得ない最小限のものを除き、経路逸脱や中断後の被災は通勤途上災害に認められない。**

## 3　公務災害補償の種類

　療養補償、休業補償、傷病補償年金、障害補償、介護補償、遺族補償、葬祭補償の7種類（地公災法25条）

## 4　審査請求と訴訟

　補償決定に不服がある者は、地方公務員災害補償基金審査会（及び支部審査会）に審査請求できる。

　※　「不服がある者」とは、被災者やその遺族等を指し、**任命権者や職員団体は含まれない。**

　※　審査請求の裁決後、訴訟提起が可能（**訴願前置**。地公災法56条）。

地方公務員の公務災害補償制度に関する記述と
して妥当なのは、次のどれか。

1　公務災害補償は、常勤の職員が公務によって負傷
　し又は疾病にかかった場合において、その職員が受
　けた損害を補償するものであり、公務による死亡は
　補償の対象としていない。

2　公務災害補償は、常勤の職員が通勤途上で受けた
　災害も補償の対象としているが、この通勤とは、公
　の性質を有する場合を除き、職員が勤務のため、住
　居と勤務場所との間を合理的な経路及び方法により
　往復することをいう。

3　公務災害補償は、補償の迅速かつ公正な実施を確
　保するため、地方公務員災害補償基金が補償の認定
　を行うにあたっては、災害を受けた職員の任命権者
　の意見を聞くことを要件としていない。

4　職員が公務運営上の必要により入居が義務づけら
　れている宿舎において、宿舎の不完全又は管理上の
　不注意によって負った負傷については、公務上の災
　害にはならず、民法の損害賠償制度の対象となる。

5　通勤途上の災害については、往復の経路の逸脱又
　は中断があったときは、その理由と程度を問わず、
　逸脱又は中断の後の経路で起きた災害は、公務災害
　に認定されない。

**解 答**

1 誤り。地方公務員災害補償法が補償の対象としているのは、**公務による死亡、負傷、疾病、公務による負傷（疾病）による死亡（障害）**等であり、公務による死亡も補償の対象に含まれる（地公災法1条、25条）。

2 正しい。

3 誤り。職員の死亡や負傷等が公務災害に該当するかどうかは、公務災害補償を受けようとする者の請求に基づき、地方公務員災害補償基金が認定するが（**請求主義**）、その際、**基金は認定にあたって、災害を受けた職員の任命権者の意見を聞かなければならないこととされている**（地公災法45条1項、2項）。

4 誤り。設問のような事例については、**地方公務員災害補償基金の定めた認定基準に基づき、公務災害として認定**される。

5 誤り。通勤途上における経路の逸脱や中断については、それが例えば日用品の購入や通学、病院での診療、選挙権の行使など、**日常必要なやむを得ない最小限のものである場合には、通勤途上災害として認められるので、公務災害に認定**される（地公災法2条3項）。

正答　2

## §33 罰則

> 次に掲げるA〜Gの職員の行為のうちで、地方公務員法の罰則規定の適用があるとされるものを選んだ場合の組み合わせとして正しいのは、どの選択肢か。(管試)

A　選挙人の投票した被選挙人の氏名を公表した。

B　職員の争議行為を共謀するとともにそそのかした。

C　予算がないことを承知しつつ、支出命令に従い支出を行った。

D　人事委員会から不利益処分の審査のため証人喚問を受け虚偽の陳述をした。

E　任命権者の許可を受けないで営利を目的とする企業に従事した。

F　勤務条件に関する措置要求の申し出を故意に妨げた。

G　職務としての自動車運転中に道路交通法令に違反した。


1　A、C、E

2　A、F、G

3　B、D、F

4　B、E、G

5　C、D、E

**解 答**

　地公法上、罰則規定の適用がある行為は、以下のとおりである（60条〜65条）。

1　平等取扱原則（13条）違反

2　守秘義務（34条）違反

3　不利益取扱いの審査請求に対する**人事委員会（公平委員会）の指示（50条）に故意に従わなかった場合。**

4　不利益取扱いの審査請求に係る**人事委員会（公平委員会）の証人喚問**に、正当な理由なく応じなかったり、虚偽の証言をした場合。または審査のための**書類等の提出要求**に、正当な理由なく応じなかったり、虚偽の事項を記載した書類を提出した場合。

5　任用原則（15条）に違反した場合。

6　競争試験の受験阻害、秘密情報の提供。

7　争議行為の共謀、そそのかし、あおり、またはそれら行為を企てた場合（何人たるを問わない）。

8　措置要求申し出を故意に妨害した場合

　なお、上記2、4〜6、8の行為の企て、命令、容認、そそのかし、幇助をした者も同様に罰せられる。

9　営利企業等に再就職した元職員による働きかけ規制違反等（60条4〜8号、63条〜65条）

　設問の、A、B、D、Fの行為には、地公法の罰則が適用される。

正答　3

# Ⅱ 労働基準法

# §34 総則

★★★

労働基準法の総則に関する記述として妥当なの
は、次のどれか。(運輸)

1　労働者と使用者は、合意に基づく契約により、労
　働基準法の定める基準を下回る労働条件を決めるこ
　とができる。
2　労働者及び使用者は、労働契約を守らなければな
　らないが、就業規則及び労働協約については遵守義
　務はない。
3　使用者は、労働者の性別を理由として、労働者の
　賃金に格差を設けることができる。
4　使用者は、精神又は身体の自由を不当に拘束する
　手段によって、労働者の意思に反して労働を強制し
　てはならない。
5　すべての国民は、法律に基づく許可を得ることな
　く、業として他人の就業をあっせんするなどして利
　益を得ることができる。

解　答

1　誤り。**労基法で定める基準に達しない労働条件を定める労働契約**は、労働者の保護を図るため、**その部分について無効**となる。なお、無効となった部分については、労基法に定める基準によることとされている（労基法13条）。

2　誤り。**労働者及び使用者の双方が、労働契約、就業規則、労働協約のそれぞれについて遵守及び履行義務を負っている**（労基法2条2項）。

3　誤り。使用者は、労働者の**性別**を理由として、**労働者の賃金について差別的取扱いをすることはできない**（労基法4条）。

4　正しい（労基法5条）。

5　誤り。何人も、**法律に基づいて許可される場合の**ほかは、就業のあっせんのように、**業として他人の就業に介入して利益を得ることができない**（労基法6条）。

正答　4

（補足）労基法の均等待遇の規定（3条）に関連して、三菱樹脂事件判決（最判昭48.12.12）参照。最高裁は、労基法3条は雇入れ後の労働条件についての制限であるので、**企業が特定の思想、信条を有することを理由として雇い入れ（そのもの）を拒んでも、労基法違反とはいえない**、と判示している。

**解 説**

> **Point!** 基本的に、条文の知識を正確に覚えておけば足りるが、公民権の保障（→ §35）でやや細かい論点が出る。

## 1 労働条件の原則（労基法2条、13条）

(1) 労働条件は、**労働者と使用者が対等の立場で決定する**。両者は、**労働協約、就業規則、労働契約の遵守や履行義務**を負う。

(2) 労基法上の労働条件は**最低基準**を定めたもの。
→労基法に**定める基準に達しない労働契約は無効**。無効となった部分は**労基法に定める基準による**（法の基準を上回る労働契約は当然締結**可能**）。
→労基法の基準が、現行の労働条件よりも低いことを理由に、労働条件を低下させてはならない。

## 2 均等待遇・男女同一賃金の原則（労基法3条、4条）

(1) 使用者は、労働者の国籍、信条、社会的身分を理由として、賃金、労働時間その他の労働条件について、差別的取扱いをしてはならない。

(2) 労働者が女性であることを理由として、使用者が賃金について差別的取扱い（**女性の側に有利な差別的取扱いも含む**）をすることを禁止。
→※労基法上は、**賃金についてのみ男女間での差別的取扱禁止の規定**がある。採用、配置、昇進、定年など、他の労働条件についての差別的取扱いの禁止は、**男女雇用機会均等法5条、6条**参照。

170

## 3　強制労働や中間搾取の禁止（労基法5条、6条）

(1)　使用者は、暴行・脅迫等、精神や身体の自由を不当に拘束する手段で、労働者の意思に反して、労働を強制することはできない。

(2)　**何人も、法律に基づいて許される場合の外、業として他人の就業に介入**（職業紹介等）**し、利益を得てはならない。**

## 4　公民権の保障（労基法7条→§35「公民権の保障」）

使用者は、労働者が**労働時間中**に、選挙権その**他公民としての権利を行使**し、または**公の職務遂行**のために必要な時間を請求した場合に、これを**拒むことはできない。**

※　ただし、公民権の行使や公の職務執行に**支障がなければ、使用者は、労働者が請求した時刻の変更を行える。**

※　公民権行使の例として、**選挙権・被選挙権**（他人の選挙応援は含まない）、最高裁判事の国民審査、**特別法の住民投票、直接請求、住民監査請求**など。なお、私法上の**訴権の行使**は、私人としての権利行使であり、**公民権行使にはあたらない。**

※　公の職務にあたるものとして、**議員としての活動**、訴訟法上の証人としての出廷、選挙立会人など。法令に基づく公の職務でも、単純な労務の提供が主な目的のもの（**予備自衛官の訓練召集**など）は、ここでの公の職務には含まれない。

# §35 公民権の保障

★★

労働基準法に定める公民権の保障に関する記述
として妥当なのは、次のどれか。(管試)

1 最高裁判所は、従業員が会社の承認を得ないで公
  職に就任したときは懲戒解雇するという就業規則の
  条項について、会社業務の遂行を著しく阻害する恐
  れがあるとしても無効であると判示している。

2 公民としての権利は、公民として国民に認められ
  る国家又は公共団体の公務に参加することであり、
  本人以外の立候補のための選挙運動を行うこともこ
  の権利に該当する。

3 公の職務の執行は、法令に根拠を有するか又は社
  会通念上公務の執行として認められる職務を行うこ
  とであり、予備自衛官の訓練召集など単純な労務の
  提供を主たる目的とする職務もこの職務に該当す
  る。

4 公民権の行使は、法令に根拠を有し労働者の社会
  的地位の向上に必要なものであるので、使用者には
  業務の執行に妨げがある場合にあっても、請求され
  た時刻を変更することが認められない。

5 使用者は、労働者に対して労働時間中における公
  民権の行使に必要な時間を与えた場合、その時間に
  対応する賃金に関しては、使用者に裁量権はなく有
  給としなければならない。

1　正しい（最判昭38.6.21十和田観光電鉄事件）。

2　誤り。公民権の行使の例としては、選挙権及び被選挙権、最高裁判事の国民審査、特別法の住民投票、直接請求、住民監査請求の行使などがあるが、**本人以外の立候補者の選挙運動の応援はこれに含まれない**。

3　誤り。**予備自衛官の召集訓練のような、単純な労務の提供が主目的の職務については、法令に基づく公の職務であっても、ここにいう「公の職務」にはあたらないとされている**。

4　誤り。**使用者は、公民権行使の請求を拒めないが、権利の行使または公の職務の執行に妨げがない限り、請求された時刻を変更することができる**（労基法7条）。

5　誤り。**公民権行使の際の時間を有給とするか無給とするかは、当事者間の取決めによる**。

正答　1

※　公民権の保障については、本ページの解説に加え、§34「総則」解説「4　公民権の保障」も参照のこと。

# §36 労働契約

労働契約に関する記述として、妥当なのはどれか。（管試）

1 使用者は、期間の定めのある労働契約を締結する場合、原則として1年を超える期間について契約することはできないとされるが、これは努力義務規定であり、違反しても罰則の適用はない。

2 使用者は、労働契約の締結に際し、労働者に対して賃金及び労働時間に関する事項について明示しなければならないが、明示の方法について規定はなく、口頭で、労働者に理解できる程度に示せばよい。

3 労働者は、明示された労働条件が事実と異なる場合、その労働契約を即時に解除することはできないが、使用者に対して、明示されたとおりの労働条件の履行を求めることができ、これに応じない場合は損害賠償請求ができる。

4 使用者は、労働者の不法行為により使用者が損害を受けた場合の損害賠償額を労働契約に予定することができるが、労働契約の不履行について違約金を定める契約をすることはできない。

5 最高裁判所は、大日本印刷事件において、採用内定の法的性格について、使用者による採用内定通知の発信により、就労始期を学校卒業直後とする誓約書記載の事由に基づく解約権が留保された労働契約が成立すると判示した。

解 答

1 誤り。**期間の定めのある労働契約**については、原則として**3年**（ただし、高度の専門的知識等を有する場合など**一定の場合には5年**）を超える期間について契約することはできない（労基法14条）。この規定は**強行規定**であり、**違反者に罰則の適用がある**（労基法120条）ほか、**期間を超える部分については法定期間に短縮される。**

2 誤り。労働契約締結にあたり、使用者は労働者に対して**賃金その他の労働条件を明示**しなければならない。またその際、**契約期間、労働時間、時間外勤務の有無、休憩時間、休日、賃金、退職に関する事項等**については、**書面を交付して明示**しなければならない（労基法15条、労規則5条）。

3 誤り。労働者は、**明示された労働条件が事実と異なる場合**、その**労働契約を即時に解除**することができる（労基法15条2項）。なお、後段のような規定はない。

4 誤り。使用者は、労働契約の不履行について**違約金**を定めたり、また**損害賠償を予定する契約をしてはならない**（労基法16条）。

5 正しい（最判昭54.7.20大日本印刷事件判決）。

正答 5

Point! 労働契約の期間が入り組んでいてわかりづらい。解雇できる場合と例外を整理して覚える。

## 1 労働契約の期間（労基法14条）

図で分類すると以下のようになる（条文がやや錯綜していて、わかりづらい）。

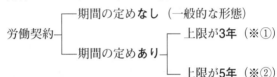

※① 一定の事業の完了に必要な期間を定める場合は、例外的に3年を超える期間の設定が可能。

※② 高度の専門的知識等を必要とする場合、及び60歳以上の労働者を雇用する場合が法定されている。

※③ 有期労働契約の労働者の退職について労基法附則137条、また契約に関する基準の制定、使用者への助言・指導について14条2項・3項参照。

## 2 労働条件の明示（労基法15条）

(1) 労働契約締結の際、使用者は、労働者に対して賃金、労働時間その他の労働条件を明示しなければならない。明示された労働条件が事実と異なる場合は、労働者は労働契約を即時に解除可能。

(2) 明示項目として、①契約期間、②労働時間、時間外労働の有無、休憩時間、休日等、③賃金、④

退職、⑤就業の場所及び業務、⑥臨時の賃金、賞与等が定められている。特に①〜④については、**書面を交付して明示する必要**がある。

※　**派遣労働者**の労働条件については、派遣先ではなく**派遣元の事業者が派遣労働者に明示**する。

## 3　解雇（労基法20条、21条）

使用者は、労働者を解雇する場合、**少なくとも30日前に予告が必要**。解雇予告をしない場合は、**30日分以上の平均賃金を労働者に支払う必要**がある。なお、**予告日数については、平均賃金を支払った日数分だけ短縮可能**（つまり、30日分以上の平均賃金を支払えば、即時解雇もできる）。

※　①**天災事変**その他やむを得ない理由で**事業継続が不可能**となったとき、②**労働者の責めに帰すべき事由**で解雇する場合は、いずれも**解雇予告や予告手当なしに即時解雇が可能**。ただし、事由について、**労働基準監督署の認定が必要**になる。

## 4　解雇禁止・制限（労基法19条、労契法17条）

①**業務上の傷病で休業**する期間、②**産前産後の休業期間**及び①、②の後の**30日間は解雇不可**。ただし、①で**打切補償を支払った**ときや、①、②の場合で天災等の不可抗力により、**事業継続が不可能**となったとき（**事由の認定が必要**）は、例外的に解雇可能。なお、**期間の定めのある労働契約**について、やむを得ない事由がある場合を除き、**契約満了前の解雇は不可**。

# §37 解雇

★★

労働基準法に定める解雇に関する記述として、妥当なのはどれか。(管試)

1 使用者は、労働者を解雇しようとする場合、原則として60日前に解雇の予告をしなければならず、その予告をしない使用者は、60日分以上の平均賃金を当該労働者に支払わなければならない。

2 使用者は、日々雇い入れられる者を解雇しようとする場合、その者の引き続き使用されている期間が3か月以内であれば、解雇の予告をすることなく解雇することができる。

3 使用者は、産前産後の女性が法の規定により休業している期間及びその後の30日間であっても、その女性労働者の責めに帰すべき事由に基づく場合は、解雇することができる。

4 使用者は、労働者が業務上負傷し、又は疾病にかかり療養のために休業する期間及びその後の30日間であっても、法の規定によって打切補償を支払う場合は、当該労働者を解雇することができる。

5 使用者は、天災事変その他やむを得ない事由のために事業の継続が不可能な場合には、労働基準監督署の認定を受けることなく、労働者を即時に解雇することができる。

**解答**

1　誤り。使用者は、労働者を解雇しようとする場合、原則として30日前に解雇の予告をするか、あるいは30日分以上の平均賃金を当該労働者に支払わなければならない（労基法20条1項）。

2　誤り。日々雇い入れられる労働者を解雇しようとする場合、その者の引き続き使用されている期間が1か月以内であれば、解雇の予告をすることなく解雇することができる（労基法21条）。

3　誤り。使用者は、産前産後の女性が法の規定により休業している期間及びその後の30日間は、業務上の傷病が3年を経過しても治らない場合に打切補償を支払う場合、天災事変その他やむを得ない事由で事業継続が不可能になった場合を除き、当該女性労働者を解雇することができない（労基法19条）。

4　正しい（労基法19条1項但書き）。

5　誤り。使用者は、その事由について、行政官庁の認定を受けなければならない（労基法19条2項）。

正答　4

※　解雇については、本ページの解説に加え §36「労働契約」解説「3　解雇」「4　解雇禁止・制限」も参照のこと。

（補足）労働者の解雇が客観的に合理的な理由を欠き、社会通念上相当であると認められない場合には、解雇権を濫用したものとして無効となる（労契法16条、いわゆる「解雇ルール」）。

★★

> 労働基準法に定める賃金に関する記述として、
> 妥当なのはどれか。（運輸）

1 賃金は、通貨で支払われなければならず、通貨以外のもので支払うことが認められているのは、当該事業場の労働者の過半数を代表する者との書面による協定がある場合に限られている。

2 賃金は、直接労働者に支払われなければならず、未成年者も、独立して請求することができ、親権者又は後見人は、未成年者の賃金を代わって受け取ってはならない。

3 賃金は、全額が支払われなければならず、賃金の一部を控除して支払うことが認められているのは、労働協約に別段定めがある場合に限られている。

4 賃金は、毎月1回以上、一定の期日を定めて支払わなければならず、「毎月第三金曜日」という支払期日の定め方をすることもできる。

5 賃金は、支払期日に支払われなければならず、労働者から非常の場合の費用に充てるために既に行われた労働に対する賃金の支払いを求められても、支払期日前に支払ってはならない。

解　答

1　誤り。通貨払いの例外として、**労働協約に別段の定めがある場合**や、**労働者の同意を得た場合**（労働者の同意は口頭でも可）などがある。

2　正しい。未成年者は、独立して賃金を請求することができる。**親権者又は後見人**は、未成年者の賃金を代わって受け取ってはならない（労基法59条）。

3　誤り。労使協定がある場合のほか、**法令に別段の定めがある場合**（所得税の源泉徴収等）には、賃金の一部を控除して支払うことができる。

4　誤り。賃金は、毎月1回以上、一定の期日を定めて支払わなければならない（労基法24条2項）。一定期日とは、その期日が周期的に到来する特定の日をいい、「毎月第3金曜日」のように定めることは、月ごとに支払日が大きく変動するため、一定期日払に違反する。

5　誤り。使用者は、労働者が出産、疾病、災害その他厚生労働省令で定める非常の場合の費用に充てるために**請求する場合**においては、**支払期日前であっても、既往の労働に対する賃金を支払わなければならない**（労基法25条）。

正答　2

### 解 説

> **Point!**　労基法最頻出分野の一つ。賃金
> 支払いの原則と例外とをセットで覚える。

## 1　賃金とは？（労基法11条）

　労基法上は、賃金、給料、手当、賞与その他**名称
のいかんを問わず、労働の対償として使用者が労働
者に支払うすべてのもの**、と定義される。

※　**通勤手当や家族手当なども賃金とされている。**
　　一方、**旅費のような実費弁償、制服や業務上必要
な被服、福利厚生施設、恩恵的な給付である結婚
祝い金や死亡弔慰金などは賃金ではない。**

※　ただし、上の祝い金や弔慰金、加えて**退職金な**
どは、**労働協約や就業規則等であらかじめ支給条
件が明確に定められ、使用者が支払い義務を負う**
場合は労基法上の**賃金にあたる**（判例）。

## 2　賃金支払いの原則（労基法24条）

　①　**通貨払いの原則**

　　例外として、**口座振込**による支払い（要件につい
ては§23「給与」及び前頁の解説参照）、**労働協約
に別段の定めがある場合の現物給付**（通勤定期券、
社宅の無償供与など）などがある。

　②　**直接払いの原則**（労働者本人に直接支払う）

　　労働者の**親権者**その他の法定代理人、委任を受け
た**任意代理人、賃金の譲受人**などに賃金を支払うこ
とは**不可**。ただし、労働者の**使者**（入院中の労働者

182

の配偶者等）に対して支払うことは**可能**（まぎらわしいので注意）。

③　**全額払いの原則**

　例外として、**法令に別段の定めのある場合**（所得税の**源泉徴収**等）、または**労働者代表との書面による協定**がある場合には、賃金の一部控除が可能。

④　**毎月・定期払いの原則**

　**期日が特定**でき、かつ**当該期日が周期的に一定**であることが必要。従って、例えば月給について「毎月の末日」という決め方は可能だが、「毎月第三火曜日」のように、日は特定しても周期が一定しないような決め方は不可。


## 3　平均賃金（労基法12条）

　原則として、その**算定事由が発生した日以前の3か月間**に労働者に支払われた賃金の総額を、その期間の総日数で除した金額のことをいう。**解雇予告手当**、使用者の責めによる**休業手当**、**年次有給休暇**の日に支払われる賃金、**減給の制裁**を行う場合の制限額などの算定基礎に用いられる。

※　算定期間中に、業務上の災害や産前産後の際の休業期間などが含まれるときは、当該期間は**算定から控除する**。

※　賃金総額には、**臨時に支払われた賃金、3か月を超えるごとに支払われる賃金、通貨以外で支払われた一定の範囲に属しない賃金**は含まれない。

※　「期間の総日数」とは、**暦日の総日数**を指す。

**類 題**

> 労働基準法に定める賃金の支払方法に関する記述として妥当なのは、次のどれか。

1　使用者は、原則として賃金を毎月1回以上、一定期日を定めて支払わなければならないが、賞与については支払いの期日を定めなくてもよい。

2　賃金は、給料、手当、賞与その他名称のいかんを問わず、使用者が労働者に対して支払うものであり、旅費も賃金に含まれる。

3　賃金については、労働者が賃金債権を第三者に譲渡した場合、賃金債権の譲受人は自ら使用者に対してその支払いを求めることができる。

4　賃金は、その全額を労働者に支払わなければならず、住民税や各種保険料の控除は、労働者の書面による合意がなければ行うことができない。

5　賃金は、毎月1回、一定の期日に労働者に支払わなければならず、1か月に2回以上に分けて賃金を支払うことはできない。

**解 答**

1 正しい。賃金は毎月1回以上、一定期日を定めて支払わなければならないが、**臨時に支払われる賃金**（退職金、加療見舞金等）**や賞与、その他これに類するもので厚生労働省令で定めるものにはこの原則の適用がない**（労基法24条2項）。

2 誤り。**賃金は、名称のいかんを問わず労働の対償として使用者が労働者に支払うすべてのものをいう**が、**旅費のような実費弁償はこれには含まれない。**

3 誤り。労基法上、特に賃金債権の譲渡を禁止する規定はないが、**法が直接払いの原則を罰則をもって強制している趣旨から見れば、賃金債権の譲受人は、自ら使用者に対して労働者の賃金の支払いを求めることはできないとされている**（判例）。

4 誤り。**所得税や住民税の源泉徴収、社会保険料の控除のように、法令に定めがあるものについては、**賃金の全額払いの原則にかかわらず、賃金からあらかじめ控除することができる。

5 誤り。賃金は、毎月1回**以上**一定期日に支払うこととされているので、1か月に2回以上に分けて賃金を支払うことは可能である。

正答 1

労働基準法に定める賃金の支払方法に関する記述として妥当なのは、次のどれか。

1　賃金は、毎月一定期日の支払いが原則であるが、使用者は、労働者が出産や疾病の場合の費用に充てるため請求した場合には、支払期日前であっても既往の労働に対する賃金を支払わなければならない。

2　使用者は、その責めに帰すべき事由による休業の場合、休業手当を支払わなければならないが、原料の入手困難や生産の縮小といった経営上の理由による休業の場合には、使用者に故意又は過失がなければ、休業手当を支払う義務はない。

3　最高裁は、労働者の債務不履行に基づく使用者の損害賠償債権による賃金の相殺は賃金の控除に該当せず、賃金の全額払原則に違反しないと判示した。

4　最高裁は、賞与の支給日に在籍する者にのみ賞与を支給するとした就業規則の定めは合理性がなく、賞与の対象とする期間に在籍していれば、支給日以前の退職者にも賞与の受給権があると判示した。

5　最高裁は、退職後、同業他社に就職したときには退職金を減額して支給するとした会社の規則の定めは、退職時に退職金の一部を没収するという損害賠償を予定するものであり、違法であると判示した。

**解 答**

1　正しい（労基法25条）。
2　誤り。使用者が休業手当を支払わなくてもよいのは、天災事変や法令遵守（法定点検など）のような不可抗力の場合とされており、設問のような、**経営上の理由による休業の場合には、たとえ使用者に故意や過失がなくても、労働者に対して休業手当を支払わなければならない**。なお、判例は、休業手当支給の条件である**使用者側の帰責事由**には**使用者側に起因する経営・管理上の障害も含む**としている（昭62.7.17ノースウェスト航空事件判決）。
3　誤り。最高裁は、賃金全額払いの原則によれば、**賃金債権に対して債務不履行に基づく損害賠償債権をもって相殺することは許されない**と判示している（昭31.11.2関西精機事件判決）。
4　誤り。最高裁は、設問のような就業規則の規定については合理性があり、**賞与の対象となる期間に在籍しながら支給日前に退職した労働者には、賞与請求権が生じない**と判示している（昭57.10.7大和銀行事件判決）。
5　誤り。最高裁は、**退職金が功労報償的性格を併せ持つことを考えると、**設問のような会社の規則は必ずしも合理性のない措置とはいえないと判示している（昭52.8.9三晃社事件判決）。

正答　1

## §39 労働時間

★★★

労働基準法に定める労働時間に関する記述として、妥当なのはどれか。（運輸）

1 労働時間とは、実際に労働に従事する時間のみのことをいい、実際に労働を行わずに作業のために待機している時間は、労働時間ではない。

2 使用者は、労働者に1週間について40時間を超えて労働させてはならず、いかなる例外も認められていない。

3 使用者は、原則として、労働時間が6時間を超える場合には、休憩時間を労働時間の途中に与えなければならない。

4 使用者は、労働基準法第36条による協定を労働者代表と書面で締結すれば、割増賃金を支払わずに、法定労働時間を超えて時間外労働をさせることができる。

5 使用者は、いかなる場合も女性労働者に、1か月につき24時間、1年につき150時間を超えて時間外労働をさせてはならない。

**解答**

1 誤り。労働時間とは、労働者が**使用者の指揮監督下で労働に従事する時間**（実労働時間）をいい、待機時間のような、作業はしていなくても使用者の指揮監督下にある時間も労働時間に含まれる。なお、休憩時間のように、**使用者の指揮監督下にない時間は労働時間には含まれない。**

2 誤り。労働時間は1日について8時間、1週間について40時間が原則であるが、これには**業種による特例**（労基法40条）、**協定**（同36条）**による場合**や非常事態、公務の都合などの際の時間外労働（同33条）など、**いくつかの例外**がある。

3 正しい。使用者は、**労働時間が6時間を超える場合は45分以上、8時間を超える場合は1時間以上の休憩を労働時間の途中に与えなければならない**（労基法34条、→§40「休憩」）。

4 誤り。設問の協定（「**三六協定**」という）を労使間で締結して時間外労働をさせる場合、**割増賃金を支払わなければならない**（労基法37条1項）。

5 誤り。設問のような**女性労働者に対する時間外労働の規制**は、平成9年の労基法改正により、**平成11年4月から撤廃**されている。

正答　3

解 説

> **Point!** 使用者の指揮監督下にあるか否かが、労働時間かどうかのメルクマール。

## 1 労働時間とは

使用者の指揮監督下で労働する時間を指す。実労働時間以外に、次のようなものも含まれる。

① 具体的な作業をしていなくても、使用者の指揮監督下にある時間（**手待ち時間**）。

② 作業に必要な**準備時間**や、**後始末の時間**。

③ **研修や朝礼、ミーティング**などで、**参加が義務づけられているもの**。

労働時間に**含まれない**ものとしては、**休憩時間**や労働者の自由意志で参加する研修などがある。

※ 実労働時間に**休憩時間**などを**加えた**ものを「**拘束時間**」と言う場合がある。

使用者は、労働者に休憩時間を除き**1日8時間、1週間40時間**を超えて労働させてはならない（ただし、**業種による労働時間の特例**（労基法40条）、三六協定（同36条、→§41「三六協定」）に基づく時間外労働、非常事態や公務の都合などの際の時間外労働（同33条）等の例外あり）。

## 2 特殊な形態の労働時間

① **変形労働時間制**：一定期間で労働時間の総枠を設け、それが法定労働時間の上限を超えないようにしつつ、**枠内のある週や日の労働時間を、法定**

労働時間を超え弾力的に設定できる制度。「1カ月単位の変形労働時間制」、「フレックスタイム制」、「1年単位の変形労働時間制」、「1週間単位の非定型的変形労働時間制」の4つがある。本制度を採用するためには、**労使協定の締結**などが必要。

② みなし労働時間制：事業場の外で労働し、労働時間の算定が困難な場合や、業務の性質上、その遂行方法を労働者の裁量にゆだねる必要がある場合、一定の要件のもと、**実際の労働時間にかかわらず、一定の労働時間労働したものとみなす制度**。外回りの営業などに適用される「**事業場外労働**」、コピーライターやプロデューサーなど専門的業務に適用される「**専門業務型裁量労働**」、企業の企画部門等の業種で採用可能な「**企画業務型裁量労働**」の3つがある。

③ 特定高度専門業務・成果型労働制：職務の範囲が明確で一定の年収を有する労働者が高度の専門的知識を必要とする業務に従事する場合に、健康確保措置や本人同意、労使委員会の決議等を要件として、**労働時間、休日、深夜の割増賃金等の規定を適用除外**にするもの。アナリストやコンサルタントなどの特定高度専門業務に適用され、「**高度プロフェッショナル制度**」とも呼ばれる。

## 3　休憩時間（労基法34条）

使用者は、労働時間が6時間を超える場合は45分以上、8時間を超える場合は1時間以上の休憩を、①**労働時間の途中**に、②**労働者に一斉**に与えなけれ

ばならない。また、休憩時間は、③**労働者に自由に使用**させなければならない。ただし、業種によっては、上記②（例：非現業の公務員）や③（例：警察官）の原則が適用されない場合がある。また、③については、例えば外出届のように、**事業場の規律保持上、必要な制限を加えることは可能**とされている。

労働基準法に定める労働時間に関する記述として、妥当なのはどれか。

1 原則として、使用者は、1週間の各日については、労働者に、休憩時間を除き1日について8時間を超えて労働させてはならない。

2 労働時間における「1週」とは、就業規則その他に別段の定めがない限り、月曜日から日曜日までをいう。

3 労働時間における「1日」とは、午前零時から翌午前零時までをいい、午前零時をまたぐ勤務は、午前零時をもって2日の勤務に分割される。

4 労働時間とは、現実に労働している時間をいい、労働しないで待機している手持時間は、労働時間ではない。

5 使用者は、労働基準法第36条による協定を労働組合等と書面で締結すれば、行政官庁への届出なしで、法定労働時間を超えて時間外労働させることができる。

解　答

1　正しい（労基法32条2項）。

2　誤り。1週間とは、就業規則その他に別段の定めがない限り、**日曜日から土曜日までのいわゆる暦週**をいう。

3　誤り。1日とは、原則として、午前0時から午後12時までのいわゆる暦日をいう。**継続勤務が2暦日にわたる場合には、1勤務として取り扱い、その勤務は始業時刻の属する日の労働として「1日」の労働とする。**

4　誤り。労働時間とは、労働者が使用者の指揮監督下で労働に従事する時間をいい、**待機時間のような、作業をしていなくても使用者の指揮監督下にある時間も労働時間に含まれる。**

5　誤り。労使協定を締結し、**行政官庁への届出を行う必要がある**（労基法36条）。

正答　1

# §40 休憩

★★

労働基準法に定める休憩時間に関する記述として妥当なのは、次のどれか。(運輸)

1 休憩時間は、自由に利用させなければならないとされているが、規律保持上必要な制限を加えることは、休憩の目的を損なわない限り差し支えない。

2 休憩時間は、労働時間が6時間を超える場合は45分以上を与えなければならないが、労働時間の途中ではなく、労働時間の終わりに与えてもよい。

3 休憩時間は、その職場全体が休むことによってはじめて意義があるものであり、いかなる場合にも一斉に与えなければならない。

4 休憩時間は、労働から離れることを保障された時間であり、作業に従事していないいわゆる手待ち時間も休憩時間に含まれる。

5 休憩時間は、1勤務に1回連続して与えなければならず、複数回に分けて与えることはできない。

1　正しい。休憩時間は、労働者に自由に利用させなければならないが、例えば外出の際の届出のように、**規律保持上、必要な最小限度の制限を加えることは休憩の目的を損なわない限り差し支えない**。

2　誤り。休憩時間は、**労働時間の途中に与えなければならない**（労基法34条1項）。

3　誤り。休憩時間は、**一斉付与が原則**であるが、**事業場の過半数の労働者を代表する労働組合**（そのような組合がない場合は**過半数を代表する者**）との**書面による協定があるときは、一斉に与えなくてもよい**（労基法34条2項）。

4　誤り。休憩時間は、労働者が権利として、労働から離れることを保障されている時間のことであり、**単に作業に従事していないだけの、いわゆる手待ち時間は休憩時間には含まれない**。

5　誤り。休憩時間に関する各原則（途中付与、一斉付与、自由利用）に反しない限り、**休憩時間を複数に分けて与えることもできる**。

正答　1

※　休憩については、本ページの解説に加え、§39「労働時間」解説「3　休憩時間」も参照のこと。

**類 題**

> 労働基準法に定める労働時間及び休憩時間に関
> する記述として妥当なのは、次のどれか。

1 使用者は、原則として、労働時間が8時間を超える
 場合においては、少なくとも45分の休憩時間を労
 働者に与えなければならない。

2 使用者は、原則として、労働者に休憩時間を与え
 なければならないが、地方公営企業の職員に対して
 は、休憩時間中に軽易な労働に従事させることがで
 きる。

3 使用者は、原則として、労働者に休憩時間を自由
 に使用させなければならないが、道路、鉄道及び軌
 道による旅客の運送の事業に従事する者に対して
 は、自由に利用させなくともよい。

4 労働時間とは、労働者が労働するために使用者の
 指揮監督の下にある時間をいい、作業のために待機
 している時間（手待時間）も含まれる。

5 労働時間とは、就業規則上の始業から終業までの
 時間をいい、朝礼については、それが使用者の指揮
 監督下にない場合でも労働時間に含まれるとされ
 る。

解 答

1 誤り。使用者は、**労働時間が6時間を超える場合に
おいては少なくとも45分、8時間を超える場合には
少なくとも1時間の休憩時間を労働時間の途中に与**
えなければならない（労基法34条）。

2 誤り。**休憩時間は、労働者に自由に利用させなけ
ればならない**。なお、地方公営企業の職員に対して
は、設問のような定めは特にない。

3 誤り。休憩時間の自由利用の原則が適用除外とな
っている職としては、警察官、消防官等がある（労
規則33条1項）。**道路、鉄道及び軌道による旅客の運
送の事業に従事する者**については、**休憩時間の一斉
付与の原則の適用はない**（労規則31条）**が、休憩時
間は他の業種と同様に、職員の自由に利用させなけ**
ればならない。

4 正しい。労働時間には、実際に作業している時間
だけでなく、**指揮命令下におかれ、作業のために待
機している時間も含む**。

5 誤り。例えば**研修の受講や、朝礼やミーティング
のような所定時間外の行事**については、**参加や出席
が義務づけられていれば労働時間に含まれる**とされ
る。

正答　4

## §41 三六協定

★★★

労働基準法に定める、いわゆる三六協定に関する記述として、妥当なのはどれか。(管試)

1　事業場が複数に及ぶ企業については、三六協定は、個々の事業場を単位として締結する必要はなく、企業全体を一つにまとめて締結することができる。

2　労働組合が2つあり、いずれの組合も事業場の労働者の過半数に達しない場合には、労働者は、労働者をより多く組織している労働組合と三六協定を締結することができる。

3　使用者は、労働組合がない場合には、三六協定を締結することができないので、労働者に時間外勤務又は休日労働を命ずる場合には、個々の労働者の同意を得なければならない。

4　三六協定は、書面によること、さらにこれを行政官庁へ届け出ることが要件であるので、単に協定を締結しただけでは協定の効力は発生しない。

5　三六協定の内容には、延長することができる労働時間については記載しなければならないが、時間外労働をさせる必要のある具体的事由については記載しないこともできる。

**解 答**

1 誤り。三六協定は、時間外労働を必要とする**事業場ごとに締結する必要**がある（労基法36条）。

2 誤り。設問のような場合は、**労働者の過半数を代表する者を選任し、その者が三六協定締結の当事者**となる（労基法36条）。

3 誤り。事業場に**労働組合がない場合**は、選択肢2と同様に、**労働者の過半数を代表する者を選任し、その者が三六協定締結の当事者**となる。

4 正しい。三六協定は、労使協定を締結後、これを**行政官庁へ届け出ることが効力発生の要件**となっている（労基法36条）。

5 誤り。三六協定には、時間外・休日労働を必要とする**具体的事由、業務の種類、労働者の数**、1日について**延長できる時間**、1日を超える期間について延長できる時間、**労働させることのできる休日**、協定の**有効期間**（労働協約による場合を除く）をそれぞれ記載しなければならない（労規則16条）。

正答　4

**Point!** 休日・時間外労働を命じるために、どのような手続きが必要となるか？

## 1 三六協定と時間外労働

使用者は、当該事業場の労働者の過半数で組織する組合（ない場合は、労働者の過半数を代表する者）と書面による協定（「三六協定」という）を締結し、これを行政官庁に届け出た場合、その協定の定めるところにより、労働者に時間外又は休日労働をさせることができる。

※ 協定で定めなければならない事項は、①時間外・休日労働を必要とする**具体的事由**、②業務の種類、③労働者の数、④延長できる時間又は労働させることができる休日、⑤有効期間である。

※ 三六協定は、**事業場ごとに締結する**。また、協定の発効には、**行政官庁への届出が必要**である。

※ 事業場に2つ以上の組合がある場合、三六協定は、**労働者の過半数を代表する組合1つと締結す**ればよい。いずれの組合も労働者の過半数を代表していない場合は、**労働者の過半数を代表する労働者代表を選出する**必要がある。

※ 三六協定には**有効期限が必要**（労規則16条2項）だが、労規則上は有効期限について「○年」といった**具体的な定めはない**。なお、三六協定を**労働協約の形で締結する場合、3年を上限として有効期限を定めることができる**（労組法15条）。

なお、**三六協定によらずに時間外・休日労働させる**ことができる場合として、以下のものがある。

① **災害その他避けることのできない事由**によって臨時の必要がある場合（労基法33条1項。**行政官庁の事前の許可（緊急時は事後の届出）が必要**）。

② **公務のために臨時の必要がある場合**（労基法33条3項。非現業の公務員の場合のみ）。

【限度時間と特別条項】

三六協定により、「**延長して労働させることができる時間**」は、原則として、下記の**限度時間を超えない範囲**としなければならない。ただし、通常予見することのできない業務量の大幅な増加など、**臨時的な特別な事情**がある場合は、労使間の合意のもと、**特別条項付きの三六協定を締結**することで、限度時間を超えて労働させることが可能。

| 原則（限度時間） | 特例（特別条項を定めた場合の上限時間） |
| --- | --- |
| 月 45 時間<br>（42 時間）<br>年 360 時間<br>（320 時間） | ○**年間 720 時間**まで<br>○休日労働を含み、2 カ月、3 カ月、4 カ月、5 カ月及び 6 カ月のそれぞれの期間の月平均で 80 時間以内<br>○休日労働を含み、**単月で 100 時間未満**<br>○月 45 時間（42 時間）の時間外労働を超えることができる月数は、**年 6 カ月**まで |

※ （ ）内は、対象期間が 3 カ月超である 1 年単位の変形労働時間制を適用している場合の限度時間

## 2 休日

使用者は、労働者に**毎週少なくとも1回**または**4週を通じ4日以上の休日**を与えなければならない。

※ 日曜日などに特定されるものではなく、就業規

則などで**日曜日以外を休日とすることも可能。**

※　労働契約上、労働義務のない日であり、拘束時間からは除かれる。**労働者に休日勤務を命じるためには、別途、三六協定等の手続きが必要。**

○　　休日の振替と代休

　就業規則に根拠規定があれば、**あらかじめ休日を他の指定した日に変更（休日の振替）できる。**この場合、**当初の休日は通常の労働日となる**ので、その日の労働には**割増賃金を支払う必要がない。**一方、休日労働の後に**代休**を与えた場合には、当該労働に対しては、割増賃金を支払う必要がある（両者は似ているが、効果が異なる）。

**類 題**

労働基準法に定める、いわゆる三六協定に関する記述として妥当なのは、次のどれか。

1　三六協定は、最高裁の判例では、労働協約の形をとって締結されることは許されず、三六協定が独立して定められていなければ、使用者は労働者に対して時間外労働や休日労働を命ずることはできない。

2　使用者による時間外勤務命令は、三六協定が締結されていない場合には無効であるので、三六協定がなければ使用者は時間外勤務命令も、また時間外勤務に対する時間外勤務手当の支給もできない。

3　使用者は、三六協定が使用者と労働組合で締結された場合、労働者保護の観点からその内容を所定の様式にまとめ、時間外や休日労働をさせることについて労働基準監督署の許可を得なければならない。

4　三六協定による時間外労働の上限は、原則として、月45時間、年360時間であるが、臨時的な特別な事情がある場合、労使間の合意のもと、その上限時間を超えて労働させることができる。

5　三六協定は、使用者と労働組合との間で書面により締結されるが、一事業場に複数の労働組合がある場合には、そのすべての労働組合と締結する必要があり、その協定は労働組合ごとに異なる効力を生じる。

解答

1 誤り。三六協定は、**労働協約の形で締結すること
も可能**である（労規則16条）。

2 誤り。三六協定が締結されていない場合であって
も、**非常災害の場合**については、行政官庁の許可を
受ければ、使用者は労働者に対し例外的に時間外勤
務命令を発することができる（労基法33条）。また、
**違法な命令に基づく時間外労働であっても、事実と
して労働させればその労働に対して時間外勤務手当
を支給しなければならない。**

3 誤り。使用者と労働組合（労働者代表）との間で
三六協定が締結された場合、それを発効させるため
には、内容を所定の様式にまとめて単に行政官庁
（労働基準監督署）に届け出れば足りる。協定発効
の条件として、行政官庁の**許可まで求めているわけ
ではない**（労基法36条）。

4 正しい（労基法36条4項及び5項）。

5 誤り。一事業場に労働者の過半数を代表する組合
がある場合には、他に組合がある場合でも、**使用者
は労働者の過半数を代表する組合のみと三六協定を
締結すればよく、他の組合と協定を締結する必要は
ない**（行政解釈）。

正答 4

# §42 休日

労働基準法に定める休日に関する記述として妥
当なのは、次のどれか。（運輸）

1　休日は、国民の祝日に関する法律で具体的に決め
　られており、それ以外に労働者の休日を就業規則で
　定めることはできない。
2　休日は、労働者が労働義務を負わない日であり、
　使用者は毎週少なくとも1回の休日又は4週間を通じ
　4日以上の休日を与えなければならない。
3　休日は、労働を必要としない点において休息時間
　と同様であるが、休息時間と異なり拘束時間となる
　ので、労働者は使用者の勤務命令を拒否できない。
4　休日に労働した労働者が、指定された振替日を変
　更する請求をした場合、使用者は、いかなる事由が
　あっても請求された振替日に変更しなければならな
　い。
5　休日に労働した労働者が、指定された振替日に休
　んだ後で休業手当を請求した場合、使用者は、その
　請求された休業手当を支給しなければならない。

**解 答**

1　誤り。労基法上、休日は「毎週少なくとも1回」とあるだけで、**日曜・祝日に特定されるわけではない。就業規則で日曜・祝日以外の日を休日として定めることは可能**である。

2　正しい（労基法35条1項及び2項参照）。

3　誤り。休日とは労働契約上労働義務のない日のことであり、**拘束時間には含まれない**。使用者は、労働者の休日労働について一定の規制を受ける（労基法119条、36条参照）。

4　誤り。**休日の振替は、就業規則に基づき、あらかじめ休日とされた日と他の労働日を振替える制度であり、振替日を事前に具体的に示す必要がある。**振替休日は、有給休暇とは異なり、**労働者の希望する日に取得できるとは限らない。**

5　誤り。**休業手当とは、使用者の責めに帰すべき事由で休業となった場合に支払われる手当のことであり**（労基法26条）、休日の振替制度とは直接関係がない。ちなみに、休日の振替は、あらかじめ休日そのものを移動させる制度であるので、**労働者が休日労働の後で代休を取得した場合とは異なり、使用者は割増賃金を支払う必要はない。**

正答　2

※　休日については、本ページの解説に加え、§41「三六協定」解説「2　休日」も参照のこと。

# §43 年次有給休暇

★★★

労働基準法に定める年次有給休暇に関する記述として妥当なのは、次のどれか。(運輸)

1 年次有給休暇の発生要件は、一定期間の継続勤務と一定割合以上の出勤であるが、継続勤務とは、事業場における在籍ではなく労働者が実際に勤務していることであり、病欠期間や休職期間は継続勤務から除外される。

2 年次有給休暇を取得する権利は、法定要件を満たすことで法律上当然に生じ、労働者の時季指定の効果は、使用者の適法な時季変更権の行使を解除条件として発生すると、最高裁判所は判示した。

3 年次有給休暇の際に支払うべき賃金は、労働基準法の定めにより、所定労働時間労働した場合に支払われる通常の賃金とされており、これ以外によることはできない。

4 年次有給休暇期間中に労働者が他の事業場の争議行為に参加することは、労働者が属する事業場での一斉休暇による職場離脱と同様に、本来の年次有給休暇の権利の行使ではないと最高裁判所は判示した。

5 年次有給休暇を使用者が買い上げることは違法とされており、労働者の退職の際に未行使の年次有給休暇について使用者が買い上げたり、何らかの手当を支給することも禁じられている。

**解　答**

1　誤り。継続勤務とは、雇用関係の存続（在籍）を意味し、**在籍している限り、病欠期間や休職期間も継続勤務に通算**される。

2　正しい。最高裁は、年次有給休暇の取得権は、**法定要件を満たすことで法律上当然に生じるが、使用者の適法な時季変更権の行使があれば、時季指定の効果が消滅する**（※設問の「解除条件として発生」の意味）と判示している。

3　誤り。使用者は、**平均賃金又は所定労働時間労働した場合に支払われる通常の賃金を、あらかじめ就業規則等で定めるところにより支払わなければならない。ただし、労使協定により、健康保険法に規定する標準報酬月額に相当する金額を支払う旨を定めたときは、これによる（労基法39条7項）。

4　誤り。判例は、**いわゆる一斉休暇闘争については、本来の年次有給休暇権の行使ではないとしている**が、設問のように他の事業場における争議行為に休暇中の労働者が参加したとしても、当該休暇の成否になんら影響しないと判示している。

5　誤り。年次有給休暇を使用者が買い上げることは違法とされるが、設問のように、**いわゆる「時効」期間が経過した年休について、補償その他の趣旨で相当額を支払うことは可能**とされている。

正答　2

**解 説**

> **Point!** 年休取得のための基本的な要件
> と法の運用面での論点を押さえる。

## 1 年次有給休暇（年休）取得の要件

(1) 年休権の発生要件

①**一定の勤続期間**（初回6か月、次回以降1年）
と、②**出勤率**（算定期間内の**全労働日の8割以上
の出勤**）が年休権発生の要件。

※ 「全労働日」とは暦日日数のうち、**労働契約で
労働義務を課せられている日**を指す。

※ 算定にあたり、業務上の傷病による療養のため
の**休業期間、育児休業及び介護休業期間**、女性の
**産前産後の休業期間**も出勤日数として扱われる。

(2) 労働者の年休請求権と**使用者の時季変更権**

原則は**労働者の請求する時季に年休を付与**。た
だし請求された時季での付与が**事業の正常な運営
の妨げとなる場合**には、**使用者は年休を他の時季
に変更できる**（労基法39条5項）。

## 2 年次有給休暇の期間

**労基法上**は、雇入れ後、上記「1 (1)」の条件を
クリアすることで**10労働日の年休権が発生**。その
後勤続期間に応じて**最大20労働日**まで取得可能日
数が増える（勤続期間6年6か月で到達）。なお、パ
ートなど、短時間労働者も**1週間ないし1年間の所
定労働日数に応じて年休が付与**される。

## 3 年次有給休暇の実施

(1) **年休利用の自由**　年休をどのように利用するか
は労基法の関知しないところであり、**使用者の干
渉を許さない労働者の自由**（判例）。

※ 業務の正常な運営の阻害を目的とした**一斉休暇
闘争**などは年休に名を借りた同盟罷業であり、形
式の如何を問わず**年休とは認められない**（判例）。

(2) **時間単位年休**　年休は、原則として１日を単位
として付与されるが、**労使協定**を締結した場合に
は、使用者は、**１年に５日を限度**として、時間単
位で付与することができる。

(3) **年休の付与義務**（労基法39条7項）　**使用者は、**
10日以上の年休が付与された労働者に対し、年休
の日数のうち**5日**については、付与日から1年以内
の期間に、**労働者ごとにその時季を指定して与え
なければならない**（違反した場合、罰則あり）。

## 4 その他

(1) **年休権の時効**　年休権は、**発生後2年間**行使し
なければ**時効により消滅する**（労基法115条）。

(2) **年休の買上げ**　一定の対価を支払い、年休の日
数を減ずる行為（いわゆる**年休の買上げ**）は**不可**
（行政解釈）。ただし、**既に時効消滅した年休**につ
いて補償その他の趣旨で相当額を支給することは
可能。

(3) **不利益取扱いの禁止**　年休を取得した労働者に
対する賃金の減額等の不利益取扱いは禁止（労基
法附則136条）。

# §44 年少者

労働基準法に定める年少者の保護に関する記述
として妥当なのは、次のどれか。(管試)

1 使用者は、未成年者の同意を得た場合において、
行政官庁の許可を受けて、未成年者に代わる親権者
または後見人と労働契約を締結することができる。
2 使用者は、満18歳未満の者を三六協定が締結され
ている場合においても、これに基づいて時間外労働
に従事させることができない。
3 使用者は、満15歳未満の児童を児童の健康及び福
祉に有害でなく労働が軽易な製造業において、行政
官庁の許可を受け修学時間外に使用することができ
る。
4 使用者は、公務のために臨時に必要のある場合は、
いわゆる現業の未成年者の公務員を行政官庁の許可
を受けずに制限なく時間外労働させることができ
る。
5 使用者は、満15歳未満の児童を労働者として使用
する場合、修学に差し支えないことを証明する親権
者の証明書を事業場に備え付けなければならない。

1　誤り。**親権者又は後見人は、未成年者の同意を得たとしても、未成年者に代わって労働契約を締結することはできない**（労基法58条）。

2　正しい。**18歳未満の未成年者には、変形労働時間制、フレックスタイム制、三六協定による時間外・休日労働等の適用はない**（労基法60条）。

3　誤り。満15歳未満の児童を例外的に使用することができるのは、いわゆる**非工業的事業**（労基法別表**第1の1号〜5号以外の事業**→巻末の法令集参照）で、児童の健康及び福祉に有害でなく、労働が軽易なものに限られる。**製造業に従事させることはできない**（労基法56条）。

4　誤り。公務のために行政官庁の許可を受けずに時間外労働させることができるのは、**非現業部門の地方公務員である**（労基法33条）。

5　誤り。使用者は、満15歳未満の児童を労働者として使用する場合、修学に差し支えないことを証明する**学校長の証明書**および**親権者又は後見人の同意書**を事業場に備え付けなければならない（労基法57条2項）。

正答　2

# §45 妊産婦等の保護

★★

労働基準法に定める女性の労働に関する記述として妥当なのは、次のどれか。(管試)

1 使用者は、妊娠中の女性が請求した場合、他の軽易な業務に転換させなければならない義務があるが、この義務には使用者が新たに軽易な業務を創設して与える義務が含まれる。

2 使用者は、女性が出産する前後に法定期間の休暇を与える義務を有するが、産前休業の場合は、請求があったとき休業を与える義務が生じるのに対し、産後休業の場合は必ず休業させなければならない。

3 使用者は、生後満1年に達しない生児を育てる女性から請求があったときは育児時間を与えなければならないが、育児時間について有給にするか無給にするかは労使間で決定することはできず、有給としなければならない。

4 使用者は、生理により就業が著しく困難である女性が生理休暇を請求したときは就業させてはならないが、就業規則で生理休暇の日数の上限を定めていれば、それ以上の生理休暇を与える必要はない。

5 使用者は、妊産婦については、いかなる場合も深夜に労働させることはできない。

1　誤り。使用者は、妊娠中の女性が**請求した場合**、他の軽易な業務に転換させなければならない義務があるが（労基法65条3項）、**使用者が新たに軽易な業務を創設して与える義務まで課したものではないと**される（行政解釈）。

2　正しい（労基法65条1項、同2項）。

3　誤り。**育児時間を有給とするか無給とするかは、労使間の決定（就業規則、労働協約など）によるも**のとされる。

4　誤り。生理休暇は、「生理日の就業が著しく困難」であることに対応するものであるから、「**本人の疎明を疑うに足る状況がない限りは請求に応ずべきもの**」とされる（行政解釈）。ただし、就業規則等で生理休暇を有給にする日数の上限を定めることはできる。

5　誤り。妊産婦が**請求した場合には**深夜業をさせることはできない（労基法66条3項）。なお、時間外労働、休日労働についても同様である（労基法66条1項、同2項）。

正答　2

> **Point!**　差別的取扱の禁止と母性の保護
> という2つの側面から規定が整備されてい
> る。

## 1　賃金に関する差別的取扱いの禁止（労基法4条）

使用者は、労働者が女性であることを理由とし
て賃金について男性と差別的な取扱いをしてはなら
ない（違反には罰則あり）。

## 2　就業制限（労基法64条の2ほか）

女性に対する就業制限関連の規定として、①坑
内業務等の就業制限（64条の2）、②危険有害業務
の就業制限（64条の3）がある。なお、時間外労
働、深夜業についてもそれぞれ制限・禁止の規定
があったが、これらについては、法改正により平
成11年に廃止された。

## 3　産前産後の休業等（労基法64条の3～68条）

(1)　産前産後の休業等（65条）

①　使用者は、6週間（多胎妊娠の場合は14週間）
以内に出産する予定の女性が請求した場合は、
その者を就業させてはならない。

②　使用者は、産後8週間を経過しない女性を就
業させてはならない（①の場合と異なり、こ
ちらは本人が請求しても就業不可）。ただし例
外として、産後6週間を経た女性が就業を請求

した場合に、**医師が支障がない**と認めた業務に就かせることは差し支えない。

③　産前産後の休業中の女性を**有給とするかどうかは、労使が決める問題**（必ず有給にしなければならないわけではない）。なお、**休業中とその後30日間については解雇が制限**される（19条→§36解説、§37設問）。

④　使用者は、妊娠中の女性が**請求した場合**には、**他の軽易な業務に転換**させなければならない。

(2)　労働時間の制限（66条）

使用者は、**妊産婦が請求**したときは、①**変形労働時間制**のもとであっても各週各日の法定労働時間を超えて労働させてはならず、また、②**時間外労働及び休日労働**（※）、③**深夜業**をさせてはならない。

※**非常事態**の場合、**公務上必要**がある場合、**三六協定がある**場合でも**就業させることは不可**。

(3)　育児時間（67条）

**生後満1年**に達しない生児を育てる女性は、休憩時間のほか、**1日2回各々少なくとも30分**、生児を育てるための時間を請求することができ、使用者はその時間中はその女性を**使用してはならない**。

(4)　生理休暇（68条）

使用者は、生理日の就業が著しく困難な女性が休暇を請求したときは、その者を生理日に就業させてはならない。

**類 題**

labor労働基準法に定める女性の労働に関する記述として、妥当なのはどれか。(管試)

1　使用者は、労働者が女性であることを理由として、賃金について男性と差別的取扱いをすることを禁止されているが、男性は月給制、女性は日給制とすることは、いかなる場合も差別的取扱いにはあたらない。

2　使用者は、満18歳以上の女性の休日労働については、三六協定を結び、割増賃金を支払えば、限度時間内で命じることができるが、妊産婦及び小学校就学前の子を育てる女性が請求した場合は、休日労働をさせてはならない。

3　使用者は、満18歳以上の女性の深夜業については、三六協定を結び、割増賃金を支払えば、限度時間内で命じることができるが、妊産婦にはその請求の有無にかかわらず、深夜業をさせてはならない。

4　使用者は、原則として女性を坑内労働に従事させてはならないが、満18歳以上の女性が坑内で行う医師及び看護師の業務に限り、男性労働者と同様に従事させることができる。

5　使用者は、産後休業中の賃金の支払いは義務づけられておらず、また、産後6週間を経過した女性が請求した場合、その者について医師が支障がないと認めた業務に就かせることは差し支えない。

1　誤り。賃金について、**職務・年齢・勤続年数など
の条件が同一であるのに男女間で賃金の形態や体
系、算定方法などが異なる**のは、女性であること
を理由とする差別的取扱にあたる（行政解釈）。

2　誤り。**妊産婦（妊娠中の者及び産後1年を経過し
ない者）が請求した場合**には、使用者は妊産婦に
休日労働をさせてはならない（労基法66条2項）。
なお、小学校就学前の子を育てる女性について、
このような規定はない。

3　誤り。選択肢2と同様に、使用者が妊産婦を深夜
業に従事させることができないのは、**妊産婦が請
求した場合である**（労基法66条3項）。

4　誤り。女性の坑内労働は、以前は原則禁止されて
いたが、現在は**妊産婦が行う場合や人力により行わ
れる掘削の業務等の一部の有害な業務を除き**、認め
られている。

5　正しい。**産後休業中の期間を有給とするかどうか
は労使が決める問題**である。なお、**産後の就業制
限について、労基法65条2項参照**。

正答　5

## §46 災害補償

> 労働基準法に定める災害補償に関する記述とし
> て妥当なのは、次のどれか。（運輸）

1　使用者の災害補償責任は、労働者が打切補償の支
　給を受けても免れるものではなく、使用者は労働者
　の生活を保障しなければならない。
2　使用者は、労働者災害補償保険から労働基準法の
　災害補償に相当する給付が行われた場合であって
　も、補償の責任は免れない。
3　業務災害は、職場において生じた労働者の負傷、
　疾病、障害、死亡のことであり、使用者の過失に基
　づくことを要件としている。
4　地方公営企業職員は、常勤の場合には労働基準法
　の災害補償に関する規定が適用されるが、非常勤の
　場合については適用されない。
5　災害補償を受ける権利は、労働者の退職によって
　も変更されず、労働者はこの権利を譲渡することが
　できない。

解 答

1　誤り。労基法に定める療養補償を受ける労働者が、療養開始後**3年**を経過しても負傷や疾病が治らない場合は、**使用者は、平均賃金の1200日分の打切補償を支払い**、その後は法律の規定による補償を行わなくてもよいとされている（労基法81条）。

2　誤り。**労働者災害補償保険から労基法の災害補償に相当する給付**が行われた場合は、**使用者は、補償責任を免責**される（労基法84条1項）。

3　誤り。業務災害には、**無過失責任主義**がとられており、災害が業務に起因すること（**業務起因性**）、労働者が労働契約に基づき使用者の支配下にあること（**業務遂行性**）が認められれば、使用者は過失の有無に関係なく当該業務災害に対して責任を負う。

4　誤り。**常勤の地方公営企業職員**については、**地方公務員法に定める公務災害補償制度に関する規定が適用**される（地公災法2条）。なお、非常勤職員については、法律による補償の制度が定められていない場合は、条例による補償の制度を定めなければならない（地公災法69条）。

5　正しい（労基法83条）。

正答　5

# §47 就業規則

★★★

> 労働基準法に定める就業規則に関する記述とし
> て妥当なのは、次のどれか。（管試）

1  就業規則は、すべての使用者に対してその事業場
   の規模にかかわらず作成が義務づけられており、作
   成後は掲示等の方法により労働者への周知が必要で
   あり、周知を欠いた場合は無効であるとされる。

2  就業規則は、労働者の意見を反映させるために、
   その内容について事業所の労働者の過半数で組織す
   る組合又は当該組合がなければ労働者の過半数を代
   表する者の同意を得て、作成されなければならない。

3  就業規則の必要的記載事項は、絶対的必要記載事
   項と、相対的必要記載事項からなり、始業及び終業
   の時刻や休日に関しては絶対的必要記載事項である
   が、賃金の決定や退職に関しては相対的必要記載事
   項であるとされる。

4  就業規則の効力は、労働協約の効力に優越するも
   のであり、就業規則において労働協約で定めた労働
   基準より上回る条件を定めた場合は、労働協約の内
   容が変更される。

5  新たに就業規則を作成し又は変更した場合は、当
   該規則が合理的なものである限り、個々の労働者に
   おいてこれに同意しないことを理由として、その適
   用を拒否することは許されないと最高裁は判示し
   た。

1 誤り。就業規則の作成が義務づけられているのは、**常時10人以上の労働者を使用する使用者に対しての**みである（労基法89条）。就業規則の周知義務違反に対しては罰則の適用がある（労基法106条、120条）が、周知を欠いていたとしても、**就業規則自体が無効となるわけではない**（判例）。

2 誤り。就業規則の作成にあたって**意見を聴取**する必要はあるが、**同意を得ることまで求められてはいない**（労基法90条）。

3 誤り。就業規則の各事項のうち、①始業及び終業時刻、休憩時間、休暇等、②賃金（臨時賃金・退職手当を除く）の決定、昇給等、③退職及び解雇の事由、については絶対的必要的記載事項とされ、いかなる場合にも就業規則に規定しなければならない。

4 誤り。就業規則は、**法令又は当該事業場に適用される労働協約に反してはならず**、行政官庁は、法令又は労働協約に反する就業規則の変更を命ずることができる（労基法92条）。

5 正しい（最判昭43.12.25秋北バス事件判決）。

正答　5

（補足）就業規則で定める基準に達しない労働条件を定める**労働契約の基準に達しない部分は無効**。無効部分は**就業規則で定める基準**による。なお、①労働契約、②就業規則、③労働協約の力関係は、①≦②≦③（労基法92条、93条、労契法12条）。

# Ⅲ 地方公営企業法

# §48 地方公営企業管理者の身分取扱い

★★

地方公営企業法に定める管理者の身分取扱いに関する記述として妥当なのは、次のどれか。（運輸）

1 管理者は、地方公共団体の議会の議員と兼ねることができないが、衆議院議員や参議院議員と兼ねることはできる。

2 管理者は、非常勤の職員であり、法律で定められている任期が満了した後は再任されることがない。

3 管理者は、業務の執行が適当でないため経営の状況が悪化したと認められる場合、地方公共団体の長によって罷免されることがある。

4 管理者は、当該地方公共団体の議会の同意を得なければ、地方公共団体の長によって任命されることはない。

5 管理者は、その合理性、能率的な経営を図るため、必ず法定事業ごとに専任の管理職を置かなければならない。

**解　答**

1　誤り。管理者は、**地方公共団体の議会の議員、衆・参両議院の議員、常勤職員及び短時間勤務の職員と兼ねることができない**（地公企法7条の2第3項）。

2　誤り。**管理者は常勤職員であり、任期（4年）満了後に再任されることができる**（地公企法7条の2第4項～6項）。

3　正しい。ちなみに、設問のほか、**心身の故障**、職の**適格性を欠く場合にも長は管理者を罷免でき、また、義務違反や非行がある場合には懲戒処分にできる。しかしそれ以外に意に反する罷免や懲戒処分を受けることはない**（地公企法7条の2第7項～9項、**欠格条項による失職**について同条第2項及び10項参照。なお管理者については、一般職の地方公務員の場合と異なり、**破産宣告についても欠格条項に該当することに注意**）。

4　誤り。管理者の任命に関しては、**議会の同意を得る必要はない**（地公企法7条の2第1項）。

5　誤り。管理者は原則として法定事業ごとに設置されるが、**条例の定めにより、特定の事業に管理者を設置しないことや、複数の事業に管理者を一人設置することもできる**（地公企法7条）。

正答　3

Point!　身分取扱いの特例、権限の及ぶ
範囲などをチェックしておく。

## 1　地方公営企業管理者（管理者）の設置

(1)　管理者の設置

　　地方公営企業の業務を執行させるため、地公企
法2条1項の事業（水道事業、軌道事業、自動車運
送事業、鉄道事業などいわゆる**法定事業**）ごとに
専任の管理者を設置（地公企法7条）。

※ 法定事業のうち政令で定める事業には、**条例に
より管理者を置かないことができる**。また、条例
により**2以上の事業に共通の管理者を1名設置す
ることも可能**。

(2)　管理者の法的性格

　　管理者は、地方公共団体の**長の補助機関**に位置
づけられる（行政委員会のような**独立の執行機関
ではない**）

## 2　地方公営企業管理者の選任及び身分取扱い

(1)　管理者の選任（地公企法7条の2）

　　管理者は、地方公営企業の経営に関し識見のあ
る者のうちから**地方公共団体の長が任命**。

※ 任命に関し、**議会の同意は不要**。また、当該地
方公共団体の職員以外に、**民間等からも起用可能**。

(2)　管理者の身分取扱い（地公企法7条の2）

　　①欠格条項：**破産者で復権を得ない者、禁こ以**

上の刑を受け、**執行中**の者（**執行猶予中の者も含む**）は管理者になれない。

②**兼職禁止**：管理者は**常勤の職**であり、**国会議員、地方公共団体の議会の議員、常勤の職員・短時間勤務職員**との兼職は不可

③**任期**：**4年（再任可能）**

④**罷免**：**心身の故障、経営状況悪化、その他適格性欠如**を理由に**長**は**管理者を罷免**できる。

⑤**その他**：**懲戒処分、給与、その他身分取扱い**について**特例**あり(地公企法7条の2第8号～11号等)

## 3 地方公営企業管理者の権限

管理者は、地方公共団体の長に留保されている権限（以下の(2)）を除き、**業務の執行に関して当該地方公共団体を代表する**（地公企法8条）。

(1) 主な担任事務（地公企法9条）

①必要な分課の設置、②**職員の任免**、給与、勤務時間その他勤務条件、懲戒等**身分取扱事項の掌理**、③**予算原案の作成・長への送付**、④**決算の調製・長への提出**、⑤**資産の取得・管理・処分**、⑥**契約の締結**（⑤⑥について長の承認や議会の議決は不要）、⑦**料金等の徴収**、⑧**労働協約の締結**等。

(2) **長に留保されている権限(管理者には権限なし)**
①**予算の調製**、②**議案の提出**、③**決算の監査委員への審査・議会への認定付議**、④**過料の徴収**

# §49 地方公営企業管理者の権限

★★

地方公営企業管理者に関する記述として、妥当なのはどれか。(運輸)

1 地方公営企業管理者は、予算の原案及び説明書を作成するほか、決算を調製する権限を有している。

2 地方公営企業管理者は、その権限に属する事務の執行を補助する職員を指揮監督するが、任免する権限は有していない。

3 地方公営企業管理者は、地方公営企業に関し、議会の議決を経るべき事件について議案を提出する権限を有している。

4 地方公営企業管理者は、地方公営企業の用に供する資産を取得、管理することはできるが、処分を行う権限は有していない。

5 地方公営企業管理者は、地方公営企業の業務に関する契約を締結する権限を有していない。

**解　答**

1　正しい（地公企法9条3号～5号、30条）。

2　誤り。地方公営企業管理者は、その権限に属する事務の執行を補助する職員（企業職員）の**任免及び指揮監督権**を有している（地公企法15条）。

3　誤り。地公企法上、①**予算の調製**、②**議会への議案提出**、③**決算を審査及び認定に付すること**、及び④**過料の徴収**については、地方公営企業管理者の**権限から除外**されている（地公企法8条）。

4　誤り。地方公営企業管理者は、地方公営企業の用に供する**資産の取得、管理及び処分**に関する権限を有している（地公企法9条7号、33条）。

5　誤り。地方公営企業管理者は、地方公営企業の**業務に関する契約を締結**する権限を有している（地公企法9条8号）。

正答　1

※　地方公営企業管理者の権限については、本ページの解説に加え、**§48「地方公営企業管理者の身分取扱い」**解説「**3　地方公営企業管理者の権限**」も参照のこと。

---

（補足）　地方公営企業管理者の権限の有無に関して**予算原案の作成及び長への送付**（権限あり）と**予算の調製**（権限なし）、**決算の調製**（権限あり）と決算**審査及び認定に付すること**（権限なし）をそれぞれ混同しないように注意。

---

## §50 企業管理規程

★★

地方公営企業法に定める企業管理規程に関する
記述として、妥当なのは次のどれか。(運輸)

1　管理者が企業管理規程を制定する場合、当該地方
　公共団体の条例や長の定める規則には違反できな
　いが、行政委員会の定める規則についてはこの限
　りでない。
2　管理者が企業管理規程に定めることができる内容
　は、法令により企業管理規程に定めるものとされ
　ている事項に限られる。
3　企業職員の勤務条件に関する事項は、地方公共団
　体の条例で定めるのではなく、管理者が企業管理
　規程で定めるものとされている。
4　企業管理規程は、業務に関する内部的事項を定め
　るものであり、住民その他の外部の者に関係する
　事項を定めることはできない。
5　管理者を置かずに長が管理者の権限を行使する地
　方公営企業においては、企業管理規程で定めるべ
　き事項は長の定める規則によって定める。

1　誤り。企業管理規程は、**法令、当該地方公共団体の条例又は規則、当該地方公共団体の機関の定める規則に違反しない限りにおいて制定できる**（地公企法10条。なお、当該地方公共団体の**長に権限が留保されている事項**については、**管理者は企業管理規程を制定することができない**)。

2　誤り。管理者が企業管理規程に定めることができる事項には、**法令で企業管理規程に定めることとされている事項**のほか、例えば企業職員の給与に関する事項、企業職員の勤務時間その他勤務条件に関する事項などのように、**法に根拠規定がないが、管理者が任意に定めることができる事項もある**。

3　誤り。**企業職員の勤務条件に関する事項**については、法令上特に**企業管理規程上に定めることが義務付けられているわけではない**（上記選択肢2の解説参照)。なお、勤務条件に関する事項のうち、**企業職員の給与の種類及び基準**については、**条例で**定めるものとされている（地公企法38条参照)。

4　誤り。例えば地公企法33条3項の行政財産の目的外使用を行う際の、使用料に関する事項を定める規程のように、**住民その他外部の者に関係する事項を企業管理規程で定めることもできる**。

5　正しい（地公企法8条2項、自治法15条1項参照)。

正答　5

# §51 職員の身分取扱い

★★

> 地方公営企業法に定める企業職員の身分に関する記述として、妥当なのは次のどれか。(運輸)

1　企業職員は、地方公務員法に定められる政治的行為の制限の規定が適用される。

2　企業職員の給与は、給料及び手当とされており、その具体的内容である給料及び手当の額は、条例で定めることとされている。

3　企業職員の給与は、職務の内容と責任に応ずるものであり、かつ、職員の発揮した能率が充分に考慮されるものでなければならない。

4　企業職員の給与は、職種に関わりなく当該地方公共団体の一般行政事務に従事する職員の給与と同一に定めなければならない。

5　企業職員の給与は、同一職種の民間事業従事者の給与及び物価水準を考慮して、その額及び支給方法を条例で定めなければならない。

**解　答**

1　誤り。企業職員には政治的行為の制限に関する地
　公法36条の規定が適用除外となっている（地公企
　法39条2項）。

2　誤り。企業職員の給与は、**給料及び手当からなり**
　（地公企法38条1項）、その**種類及び基準について**
　**のみ条例**で定める（同条4項）。給料表や各種手当の
　内容等、**具体的な事項**については、原則として地
　方公営企業管理者と労働組合との間で結ばれる**労**
　**働協約に基づき**、地方公営企業管理者が**企業管理**
　**規程等で定める。**

3　正しい。地公企法38条2項のとおりである。

4　誤り。企業職員の給与は、**生計費、同一又は類似**
　**の職種の国及び地方公共団体の職員並びに民間事**
　**業の従事者の給与**、当該地方公営企業の**経営の状**
　**況その他の事情**を考慮して定めなければならない
　（地公企法38条3項）。

5　誤り。選択肢2及び4の解説参照。

正答　3

(注)　職員の身分取扱いの項目に関する補足事項
　企業職員は、**企業管理者が任免**するのが原則であ
るが、**一定の主要な職員の任免は、あらかじめ長の**
**同意**を得なければならない（地公企法15条1項）。

> **Point！** 地方公営企業職員以外の一般職
> の身分取扱いとどこが異なるかを対比し
> て覚える。

　企業職員の身分取扱いのうち、主な特徴を挙げる
と以下のとおり（本文の**太字部分**が企業職員、【　】内
が企業職員以外の一般職に適用される制度である）。

### 1　任命権者（地公企法9条2号）

　**企業管理者**が任命権者となる【地方公共団体の
長等が任命権者。→§2「任命権者」の解説参照】。

### 2　服務（地公企法39条2項）

　一部管理職等の例外を除き、企業職員には**政治
的行為の制限に関する規定（地公法36条）の適用
がない**【政治的行為の制限の規定が適用される】。

### 3　給与（地公企法38条）

⑴　給与について、①職員の職務と責任に加えて
　**②職員の発揮した能率が考慮される（職務給の
　原則）**【地公法には②についての規定なし】。

⑵　給与の決定の際、①生計費、②同一・類似の
　職種の国・地方公共団体の職員、民間事業の従
　事者の給与、**③公営企業の経営の状況**、④その
　他の事情を考慮（均衡の原則）【③の項目なし】。

⑶　給与決定の方法として、**給与の種類・基準に**

ついてのみ**条例**で定め、その他は管理者が**企業
管理規程等**で定める【全て条例で定める】。企業
職員には、**給料表の勧告制度の適用はない**【人
事委員会による給料表の勧告制度あり】。

## 4　労働関係（地公労法5条、7条、11条等）

(1)　企業職員は、**労働組合**【職員団体】の結成・
加入が可能。また、給与・労働時間等労働条件
について団体交渉を行い、これについて**労働協
約を締結できる**【労働協約の締結権なし】。

(2)　**職員・組合**【職員】に対し同盟罷業・怠業そ
の他の業務の正常な運営を阻害する行為が、ま
た、**職員・組合員、役員**【何人<sup>なんぴと</sup>も】に対しこれ
らの禁止行為への共謀・そそのかし・あおり行
為がそれぞれ禁止されている。なお、地方公営
企業に対する**作業所閉鎖の禁止規定**あり【当該
規定なし】。

## 5　その他（地公企法39条、地公労法附則5）

(1)　企業職員に対しては、勤務条件に関する措置
要求、不利益処分に関する審査請求制度は**いず
れも適用されない**【どちらも適用あり】。

(2)　企業職員には、**災害補償を除き、労働基準法の
規定がほぼ全て適用される**【労基法上の労働条件決
定、賃金支払原則、災害補償等の規定が適用除外】。

(3)　いわゆる**単純労務職員**については、このペー
ジと前ページの解説のうち、**2服務～5その他(2)**
までの企業職員の制度が**適用**される。

**類 題**

地方公営企業職員の労働関係に関する記述とし
て、妥当なのはどれか。（運輸）

1　企業職員には、行政不服審査法の規定が原則とし
て適用される。

2　企業職員の給与の種類及び基準は、具体的な賃金
その他の給与、労働時間、休憩、休日及び休暇に
関する事項と同様に、労働協約で決定される。

3　労使間で締結された協定が、予算上不可能な資金
の支出を内容としていても、議会の承認があった
ときは、協定は承認のあった日から効力を生ずる。

4　企業職員には、労働基準法の最低賃金についての
規定が直接適用され、単純労務職員に適用される
最低賃金法は適用されない。

5　企業職員に対する労働基準監督機関として、民間
企業の労働者の場合と同じく、厚生労働省労働基
準局、都道府県労働局、労働基準監督署が置かれ
ている。

1　誤り。企業職員には、**原則として行政不服審査法の規定は適用されない**。ただし、職員の賠償責任に関する一部の場合には、例外的に適用される（地公企法39条3項、同法34条）。

2　誤り。企業職員の給与の種類及び基準は条例で定める（地公企法38条4項）。

3　誤り。労使間で**予算上不可能な資金の支出を内容とする協定を締結した場合、議会の承認を得るまで当該協定は地方公共団体を拘束せず、いかなる資金もそれに基づいて支出できない**。この場合**地方公共団体の長**は、協定締結の**10日以内に理由を付して議会に付議し、その承認**を求めなければならないが、承認があったときは、当該**協定は協定に記載された日付に遡って効力を生ずる**（地公労法10条）。

4　誤り。**企業職員には、災害補償に関する規定を除き、労基法の規定がほぼ全て適用**される。このため、「賃金の最低基準に関しては、**最低賃金法の定めるところによる**」とする**労基法の規定の適用**がある（地公企法39条、労基法28条）。

5　正しい。なお、選択肢4の解説参照（地公企法39条、労基法97条）。

正答　5

# Ⅳ 地方公営企業等の労働関係に関する法律

★

次の文は、地方公営企業等の労働関係に関する
法律に定める職員の団結権に関する記述である
が、下段にある2つの語句の組み合わせのうち、
どちらが空欄にそれぞれあてはまるか。

　地方公営企業の職員は、（A）を結成し、若しくは
結成せず、又はこれに（B）し、若しくは（B）し
ないことができる。すなわち、職員の労働関係につ
いては、いわゆる（C）が採用されている。

　一方、地方公営企業において（D）の利益を代表
する者とそれ以外の職員は同一の（A）を結成する
ことができない。（D）の利益を代表する者の範囲は、
（E）が認定して告示することになっている。


　（語句）
A：職員団体、　労働組合
B：加入、　対抗
C：ユニオンショップ制、　オープンショップ制
D：労働者、　使用者
E：任命権者、　労働委員会

**解　答**

　正解は、以下のとおりである（地公労法5条、労組法2条参照）。


　地方公営企業の職員は、（**労働組合**）を結成し、若しくは結成せず、又はこれに（**加入**）し、若しくは（**加入**）しないことができる。すなわち、職員の労働関係については、いわゆる（**オープンショップ制**）が採用されている。

　一方、地方公営企業において（**使用者**）の利益を代表する者とそれ以外の職員は同一の（**労働組合**）を結成することができない。（**使用者**）の利益を代表する者の範囲は、（**労働委員会**）が認定して告示することになっている。


---

　（補足）ユニオンショップ制

　ユニオンショップ制とは、職場において労働者が必ず労働組合に加入しなければならないという制度。地方公営企業の職員においては、この制度は採用されていない。

---

## §53 在籍専従

★★

地方公営企業職員の在籍専従に関する記述として、妥当なのはどれか。（運輸）

1　職員が労働組合の業務にもっぱら従事する在籍専従が認められるためには、人事委員会の許可を受けることが必要である。

2　在籍専従職員は、休職者とされていることから、任命権者は、在籍専従職員に対し、分限処分及び懲戒処分をすることはできない。

3　在籍専従の期間は、職員としての在職期間を通じて、3年を超えることができない。

4　職員団体の在籍専従の期間がある場合、この期間は、適用される法律が異なるため、労働組合の在籍専従の期間には合算されない。

5　在籍専従職員には、在籍専従期間中は給与は支給されず、また、この期間は退職手当の算定の基礎となる勤続期間に算入されない。

1　誤り。在籍専従が認められるためには、**地方公営企業の許可**を受ける必要がある（地公労法6条1項）。

2　誤り。在籍専従期間中の職員は、**休職扱い**となる（地公労法6条5項）。休職期間中、職員は**職務に従事しない**が、**職（身分）は保有**しているので、休職中であっても身分の保有に伴う服務規律（信用失墜行為の禁止、守秘義務など）に従う義務はあり、分限・懲戒の対象となる。

3　誤り。在籍専従の期間は、**職員としての在職期間を通じて、7年以下の範囲内で労働協約で定める期間を超えることができない**とされている（地公労法6条3項及び**附則4項**参照）。

4　誤り。職員としての在籍専従の期間には、**地公法に定める職員団体の在籍専従職員としての期間**と、**地公労法に定める労働組合の在籍専従職員としての期間を合算**する（地公労法6条3項）。

5　正しい。ノーワーク・ノーペイの原則、財政援助を通じた当局側の組合への介入の排除等の趣旨から、在籍専従職員には、**在籍専従期間中は給与は支給されない**。また、**この期間は退職手当の算定の基礎となる勤続期間に算入されない**（地公労法6条5項）。

正答　5

# §54 団体交渉

★★★

次の文は、地方公営企業等の労働関係に関する法律に定める職員の団体交渉に関する記述であるが、下段にある2つの語句の組み合わせのうち、どちらが空欄にそれぞれあてはまるか。

地方公営企業の職員は、地方公営企業の管理及び運営に関する事項を除いて団体交渉権を有しており、交渉の対象には賃金、労働時間、休憩に関する事項のほか、（A）に関する事項が含まれている。

労使間で妥結すると（B）が締結されるが、この内容が違法なものであってはならないことは当然であり、例えば、（A）を（C）に反するものとすることはできない。

団体交渉において締結された（B）が当該地方公共団体の条例にてい触するときは、（D）は、（B）締結後（E）日以内に、その（B）がてい触しなくなるために必要な（F）に係る議案を議会に付議して、その議決を求めなければならない。ただし、議会が（B）締結の日から（E）日を経過した日に閉会しているときは、次の議会に速やかに付議しなければならない。

（語句）　A：免職・休職及び懲戒の基準、職員の定数及び配置　B：労働契約、労働協約　C：地方自治法、地方公務員法　D：長、管理者　E：10、30　F：条例の改廃、協定の承認

**解　答**

　正解は、以下のとおりである（地公労法7条、8条
参照）。


　地方公営企業の職員は、地方公営企業の管理及び
運営に関する事項を除いて団体交渉権を有しており、
交渉の対象には賃金、労働時間、休憩に関する事項
のほか、（**免職、休職及び懲戒の基準**）に関する事項
が含まれている。

　労使間で妥結すると（**労働協約**）が締結されるが、
この内容が違法なものであってはならないことは当
然であり、例えば、（**免職、休職及び懲戒の基準**）を
（**地方公務員法**）に反するものとすることはできない。

　団体交渉において締結された（**労働協約**）が当該
地方公共団体の条例にてい触するときは、（**長**）は、
（**労働協約**）締結後（**10**）日以内に、その（**労働協約**）
がてい触しなくなるために必要な（**条例の改廃**）に
係る議案を議会に付議して、その議決を求めなけれ
ばならない。ただし、議会が（**労働協約**）締結の日
から（**10**）日を経過した日に閉会しているときは、
次の議会に速やかに付議しなければならない。

# §55 労働関係の調整

★

次の文は、地方公営企業等の労働関係に関する
法律に定める労使関係の調整に関する記述であ
るが、下段にある2つの語句の組み合わせのうち、
どちらがそれぞれ空欄にあてはまるか。

地方公営企業の労働関係の調整は、原則として
（A）の定めるところによるが、補充的に（B）や
（C）も適用される。このため、労使間に紛争が生じ
たときは、（C）の規定により、（D）によるあっせ
ん、調停、仲裁の3種の調整方法を用いることがで
きる。これら調整方法のうち、（A）には、（E）と
仲裁、仲裁裁定等の手続きについて特例が設けられ
ている。

仲裁裁定が出されたときは、当事者は、双方とも、
（F）として、これに服さなければならない。

（語句）　A：地方公営企業法、地方公営企業等の
労働関係に関する法律　B：地方公務員法、労働組
合法　C：労働基準法、労働関係調整法　D：労働
委員会、人事委員会　E：あっせん、調停　F：あ
っせん案、最終決定

正解は、以下のとおりである（地公労法4条、14条〜16条、労働関係調整法10条〜16条参照）。

　地方公営企業の労働関係の調整は、原則として（**地方公営企業等の労働関係に関する法律**）の定めるところによるが、補充的に（**労働組合法**）や（**労働関係調整法**）の規定も適用される。このため、労使間に紛争が生じたときは、（**労働関係調整法**）の規定により、（**労働委員会**）によるあっせん、調停、仲裁の3種の調整方法を用いることができる。これら調整方法のうち、（**地方公営企業等の労働関係に関する法律**）には、（**調停**）と仲裁、仲裁裁定等の手続きについて特例が設けられている。

　仲裁裁定が出されたときは、当事者は、双方とも、（**最終決定**）として、これに服さなければならない。

# §56 争議行為

★

次の文は、地方公営企業等の労働関係に関する法律に定める争議行為に関する記述であるが、空欄A〜Cにあてはまる語句の組み合わせとして、妥当なのはどれか。(運輸)

地方公営企業の職員が同盟罷業や怠業などの行為をした場合、地方公共団体は、その行為をした職員を解雇することができ、このような理由により解雇された職員は、(A)に対して不当労働行為の申立てをすることができる。

この申立ては、(B)の特例として、解雇がなされた日から2月以内に行わなければならず、これに対する(A)の命令は申立ての日から2月以内に発するようにしなければならないとされている。

また、職員に対しては、地方公務員法に基づき停職、減給、戒告などの(C)が行われる場合がある。

|   | A | B | C |
|---|---|---|---|
| 1 | 労働委員会 | 労働組合法 | 分限処分 |
| 2 | 労働委員会 | 労働組合法 | 懲戒処分 |
| 3 | 労働委員会 | 労働関係調整法 | 分限処分 |
| 4 | 人事委員会 | 労働関係調整法 | 懲戒処分 |
| 5 | 人事委員会 | 労働関係調整法 | 分限処分 |

**解答**

　地方公営企業の職員は、地公企法39条1項により、地公法の**不利益処分に関する審査請求の制度が適用されない**ので、争議行為を行ったとして解雇された場合、**労働委員会に不当労働行為の申立てをする**ことになる（地公労法4条、労働組合法27条）。

　この申立ての処理については、地公労法上で労働組合法の特例が定められており、職員は**解雇された日から2か月以内に不当労働行為の申立てを行わなければ**ならず、これに対する労働委員会の命令は、**申立ての日から2か月以内に発するようにしなければならない**（地公労法16条の3）。

　職員に対しては、当該争議行為を行ったことについて、**懲戒処分**（服務義務違反に対する制裁。分限処分との違いについては、§8「分限」及び§9「懲戒」のページを参照）が行われる場合がある。

正答　2

(補足)　地公法に定める制度のうち、**地方公営企業職員に対して適用されないもの**としては、①**政治的行為の制限**（管理職を除く）、②**勤務条件に関する措置要求**、③**不利益処分に関する審査請求**、④**職員団体に関する規定**、などがある（→§51「職員の身分取扱い」）。

# §57 都道府県労働委員会

★★

> 都道府県労働委員会に関する記述として、妥当
> なのはどれか。

1　都道府県労働委員会の委員は、それぞれ同数の使
　用者委員、労働者委員、公益委員で構成される。
2　都道府県労働委員会の公益委員は、地方公共団体
　の長により任命されるが、任命にあたっては、使
　用者委員及び労働者委員の同意は必要としない。
3　都道府県労働委員会は、使用者委員又は労働者委
　員のいずれか一方の委員の出席がなくても、公益
　委員が出席すれば会議を開き議決することができ
　る。
4　都道府県労働委員会は、不当労働行為に関する調
　査、審問は行うが、労働争議のあっ旋、調停等は
　中央労働委員会の専管事項のため、これを行わな
　い。
5　都道府県労働委員会は、不当労働行為に関する調
　査及び審問を行うが、手続上、証人の出頭や事件
　に関係のある帳簿類等の物件の提出を命ずること
　はできない。

**解 答**

1　正しい（労組法19条の12第2項）。

2　誤り。都道府県労働委員会の**公益委員**は、**使用者委員及び労働者委員の同意を得て、都道府県知事が任命**するものとされている（労組法19条の12第3項）。

3　誤り。都道府県労働委員会は、使用者委員、労働者委員及び公益委員が**それぞれ1人以上出席**しなければ、会議を開き、議決することができない（労組法21条3項）。

4　誤り。労組法20条には、**中央労働委員会と都道府県労働委員会を区別することなく**、単に「労働委員会の権限」として、適法な労働組合であることの証明（同5条、11条）、労働協約に関する地域的一般的拘束力の決議（同18条）、不当労働行為に対する審査等（同27条）に加えて、労働争議のあっ旋、調停及び仲裁の権限が挙げられている。

5　誤り。都道府県労働委員会は、不当労働行為の調査又は審問手続において、事実認定に必要な限度等の**一定の要件が満たされる場合**には、**証人の出頭や物件の提出を命ずることができる**（労組法27条の7）。

正答　1

---

（補足）　労組法が定める労働委員会は、中央労働委員会及び都道府県労働委員会を指す。前者は国家行政組織法に基づき、厚生労働大臣が設置し、後者は都道府県知事が設置する（労組法19条2項、19条の2、19条の12）。

# 参考文献について

　本書を作成するにあたり、主に以下の文献、ホームページを参考にした（順不同）。

○ 『逐条地方公務員法』　橋本勇著　学陽書房
○ 『要説 地方公務員制度』鹿児島重治著 学陽書房
○ 『地方公務員法の要点』　学陽書房
○ 『新（図表）地方自治法・公務員法』　大城純男著　東京法令出版
○ 『地方公務員月報』　総務省自治行政局公務員部
○ 『地方自治小六法』地方自治制度研究会監修　学陽書房
○ 『判例六法』　有斐閣
○ 『自治六法』　ぎょうせい
○ 『地方公務員法実例判例集』（旧）自治省公務員部公務員課編　第一法規出版
○ 『職員ハンドブック』東京都総務局人事部編
○ 『労働法』水町勇一郎著　有斐閣
○ 『プレップ労働法』森戸英幸著　弘文堂
○ 『労働基準法の早わかり』　厚生労働省監督課編　労働調査会
○ 『労働基準法の解説』　金井正元著　一橋出版
○ 『労働法の頻出問題』　慶谷淑夫編著　実務教育出版
○ 『地方自治総合講座11　地方公営企業』　満田誉、松崎茂、室田哲男著　ぎょうせい
○ 『改正　労働組合法の解説』　厚生労働省労政担当参事官室監修　労働新聞社
○ 『図解　地方公営企業法』細谷芳郎著　第一法規
○ 　法令データベース「e-Gov 法令検索」総務省行政管理局
　　（https://elaws.e-gov.go.jp）
○ 　労務安全情報センターのホームページ
　　（http://labor.tank.jp/）

# 関係法令（抜粋）

（凡例）

・法令中の旧仮名遣いについては一部を除いて現代仮名遣いに改めてある。また、項番号の漢数字についても、算用数字に変えてある。

・条文中に引用されている法令名にある法律番号については、すべて省略した。

・条文中、重要な部分については、ゴシック表記にしてある。また、引用条文があるものについては、必要に応じて内容を補足（「※」で表記）した。

・ここに収録されているもの以外の法令や条文については、各種六法全書や、法令データベース「e-Gov 法令検索」（→参考文献）などを参照のこと。

## 地方公務員法 (抄)

(この法律の効力)
第2条　地方公務員（地方公共団体のすべての公務員をいう。）に関する従前の法令又は条例、地方公共団体の規則若しくは地方公共団体の機関の定める規程の規定がこの法律の規定に抵触する場合には、この法律の規定が、優先する。

(一般職に属する地方公務員及び特別職に属する地方公務員)
第3条　地方公務員（地方公共団体及び特定地方独立行政法人（地方独立行政法人法第2条第2項に規定する特定地方独立行政法人をいう。以下同じ。）の全ての公務員をいう。以下同じ。）の職は、一般職と特別職とに分ける。
2　一般職は、特別職に属する職以外の一切の職とする。
3　特別職は、次に掲げる職とする。
　①　就任について公選又は地方公共団体の議会の選挙、議決若しくは同意によることを必要とする職
　①の2　地方公営企業の管理者及び企業団の企業長の職
　②　法令又は条例、地方公共団体の規則若しくは地方公共団体の機関の定める規程により設けられた委員及び委員会（審議会その他これに準ずるものを含む。）の構成員の職で臨時又は非常勤のもの
　②の2　都道府県労働委員会の委員の職で常勤のもの
　③　臨時又は非常勤の顧問、参与、調査員、嘱託員及びこれらの者に準ずる者の職（専門的な知識経験又は識見を有する者が就く職であつて、当該知識経験又は識見に基づき、助言、調査、診断その他総務省令で定める事務を行うものに限る。）
　③の2　投票管理者、開票管理者、選挙長、選挙分会長、審査分会長、国民投票分会長、投票立会人、開票立会人、選挙立会人、審査分会立会人、国民投票分会立会人その他総務省令で定める者の職
　④　地方公共団体の長、議会の議長その他地方公共団体の機関の長の秘書の職で条例で指定するもの
　⑤　非常勤の消防団員及び水防団員の職
　⑥　特定地方独立行政法人の役員

(この法律の適用を受ける地方公務員)
第4条　この法律の規定は、一般職に属するすべての地方公務員（以下「職員」という。）に適用する。
2　この法律の規定は、法律に特別の定がある場合を除く外、特別職に属する地方公務員には適用しない。

(人事委員会及び公平委員会

並びに職員に関する条例の
制定）
第5条　地方公共団体は、法律
　　に特別の定がある場合を除く
　　外、この法律に定める根本基
　　準に従い、条例で、人事委員
　　会又は公平委員会の設置、職
　　員に適用される基準の実施そ
　　の他職員に関する事項につい
　　て必要な規定を定めるものと
　　する。但し、その条例は、こ
　　の法律の精神に反するもので
　　あってはならない。
2　（略）

（任命権者）
第6条　地方公共団体の長、議
　　会の議長、選挙管理委員会、
　　代表監査委員、教育委員会、
　　人事委員会及び公平委員会並
　　びに警視総監、道府県警察本
　　部長、市町村の消防長（特別
　　区が連合して維持する消防の
　　消防長を含む。）その他法令
　　又は条例に基づく任命権者
　　は、法律に特別の定めがある
　　場合を除くほか、この法律並
　　びにこれに基づく条例、地方
　　公共団体の規則及び地方公共
　　団体の機関の定める規程に従
　　い、それぞれ職員の任命、人
　　事評価（任用、給与、分限そ
　　の他の人事管理の基礎とする
　　ために、職員がその職務を遂
　　行するに当たり発揮した能力
　　及び挙げた業績を把握した上
　　で行われる勤務成績の評価を
　　いう。以下同じ。）、休職、免
　　職及び懲戒等を行う権限を有
　　するものとする。
2　前項の任命権者は、同項に

規定する権限の一部をその補
助機関たる上級の地方公務員
に委任することができる。

（人事委員会又は公平委員会
の設置）
第7条　都道府県及び地方自治
　　法第252条の19第1項の指定
　　都市は、条例で人事委員会を
　　置くものとする。
2　前項の指定都市以外の市で
　　人口（中略）15万以上のもの
　　及び特別区は、条例で人事委
　　員会又は公平委員会を置くも
　　のとする。
3　人口15万未満の市、町、村
　　及び地方公共団体の組合は、
　　条例で公平委員会を置くもの
　　とする。
4　公平委員会を置く地方公共
　　団体は、議会の議決を経て定
　　める規約により、公平委員会
　　を置く他の地方公共団体と共
　　同して公平委員会を置き、又
　　は他の地方公共団体の人事委
　　員会に委託して次条第2項に
　　規定する公平委員会の事務を
　　処理させることができる。

（人事委員会又は公平委員会
の権限）
第8条　人事委員会は、次に掲
　　げる事務を処理する。
①　人事行政に関する事項に
　　ついて調査し、人事記録に
　　関することを管理し、及び
　　その他人事に関する統計報
　　告を作成すること。
②　人事評価、給与、勤務時
　　間その他の勤務条件、研修、
　　厚生福利制度その他職員に

関する制度について絶えず研究を行い、その成果を地方公共団体の議会若しくは長又は任命権者に提出すること。

③　人事機関及び職員に関する条例の制定又は改廃に関し、地方公共団体の議会及び長に意見を申し出ること。

④　人事行政の運営に関し、任命権者に勧告すること。

⑤　給与、勤務時間その他の勤務条件に関し講ずべき措置について地方公共団体の議会及び長に勧告すること。

⑥　職員の競争試験及び選考並びにこれらに関する事務を行うこと。

⑦～⑧　（略）

⑨　職員の給与、勤務時間その他の勤務条件に関する措置の要求を審査し、判定し、及び必要な措置を執ること。

⑩　職員に対する不利益な処分についての審査請求に対する裁決をすること。

⑪　前2号に掲げるものを除くほか、職員の苦情を処理すること。

⑫　前各号に掲げるものを除く外、法律又は条例に基きその権限に属せしめられた事務

2　公平委員会は、次に掲げる事務を処理する。

①　職員の給与、勤務時間その他の勤務条件に関する措置の要求を審査し、判定し、

及び必要な措置を執ること。

②　職員に対する不利益な処分についての審査請求に対する裁決をすること。

③　前2号に掲げるものを除くほか、職員の苦情を処理すること。

④　前3号に掲げるものを除くほか、法律に基づきその権限に属せしめられた事務

3　人事委員会は、第1項第1号（※人事行政の調査、人事記録の管理、統計報告）、第2号（※勤務条件等職員に関する制度の研究）、第6号（※競争試験・選考及びそれに係る事務）、第8号（※給与支払の監理）及び第12号（※その他の権限に属する事務）に掲げる事務で人事委員会規則で定めるものを当該地方公共団体の他の機関又は人事委員会の事務局長に委任することができる。

4　人事委員会又は公平委員会は、第1項第11号又は第2項第3号（※職員の苦情処理）に掲げる事務を委員又は事務局長に委任することができる。

5　人事委員会又は公平委員会は、法律又は条例に基づきその権限に属せしめられた事務に関し、人事委員会規則又は公平委員会規則を制定することができる。

6　人事委員会又は公平委員会は、法律又は条例に基くその権限の行使に関し必要があるときは、証人を喚問し、又は

書類若しくはその写の提出を求めることができる。

7　人事委員会又は公平委員会は、人事行政に関する技術的及び専門的な知識、資料その他の便宜の授受のため、国若しくは他の地方公共団体の機関又は特定地方独立行政法人との間に協定を結ぶことができる。

8　第１項第９号及び第10号又は第２項第１号及び第２号の規定により人事委員会又は公平委員会に属せしめられた権限（※措置要求の審査・判定等、不利益処分に関する審査請求の裁決）に基く人事委員会又は公平委員会の決定（判定を含む。）及び処分は、人事委員会規則又は公平委員会規則で定める手続により、人事委員会又は公平委員会によってのみ審査される。

9　前項の規定は、法律問題につき裁判所に出訴する権利に影響を及ぼすものではない。

（抗告訴訟の取扱い）

第８条の２　人事委員会又は公平委員会は、人事委員会又は公平委員会の行政事件訴訟法第３条第２項に規定する処分又は同条第３項に規定する裁決に係る同法第11条第１項（中略）の規定による地方公共団体を被告とする訴訟（※地方公共団体を被告とする職員の不利益処分に係る処分取消しの訴え及び裁決取消しの訴え）について、当該地方公共団体を代表する。

（公平委員会の権限の特例等）

第９条　公平委員会を置く地方公共団体は、条例で定めるところにより、公平委員会が、第８条第２項各号に掲げる事務のほか、職員の競争試験及び選考並びにこれらに関する事務を行うこととすることができる。

2　（略）

3　競争試験等を行う公平委員会は、第１項に規定する事務で公平委員会規則で定めるものを当該地方公共団体の他の機関又は競争試験等を行う公平委員会の事務局長に委任することができる。

（人事委員会又は公平委員会の委員）

第９条の２　人事委員会又は公平委員会は、３人の委員をもって組織する。

2　委員は、人格が高潔で、地方自治の本旨及び民主的で能率的な事務の処理に理解があり、かつ、人事行政に関し識見を有する者のうちから、議会の同意を得て、地方公共団体の長が選任する。

3　第16条第１号（※禁錮以上の刑を執行中または執行猶予中の者）、第２号（※当該地方公共団体で懲戒免職を受け２年を経過しない者）若しくは第４号（※憲法・政府を暴力で破壊することを主張する団体への結成加入者）のいずれかに該当する者又は第60条

から第63条までに規定する罪（※地公法違反）を犯し刑に処せられた者は、委員となることができない。

4　委員の選任については、そのうちの2人が、同一の政党に属する者となることとなってはならない。

5　委員のうち2人以上が同一の政党に属することとなった場合においては、これらの者のうち1人を除く他の者は、地方公共団体の長が議会の同意を得て罷免するものとする。ただし、政党所属関係についての異動のなかった者を罷免することはできない。

6　地方公共団体の長は、委員が心身の故障のため職務の遂行に堪えないと認めるとき、又は委員に職務上の義務違反その他委員たるに適しない非行があると認めるときは、議会の同意を得て、これを罷免することができる。この場合においては、議会の常任委員会又は特別委員会において公聴会を開かなければならない。

7　委員は、前2項の規定による場合を除くほか、その意に反して罷免されることがない。

8　委員は、第16条第1号、第3号又は第4号のいずれかに該当するに至ったとき（※欠格条項該当）は、その職を失う。

9　委員は、地方公共団体の議会の議員及び当該地方公共団体の地方公務員（中略）の職（執行機関の附属機関の委員

その他の構成員の職を除く。）を兼ねることができない。

10　委員の任期は、4年とする。ただし、補欠委員の任期は、前任者の残任期間とする。

11　人事委員会の委員は、常勤又は非常勤とし、公平委員会の委員は、非常勤とする。

12　第30条から第38条までの規定（※服務に関する各規定）は、常勤の人事委員会の委員の服務について、第30条から第34条まで、第36条及び第37条の規定（※職務専念義務・営利企業従事制限を除く、服務に関する各規定）は、非常勤の人事委員会の委員及び公平委員会の委員の服務について、それぞれ準用する。

（人事委員会又は公平委員会の委員長）
第10条　人事委員会又は公平委員会は、委員のうちから委員長を選挙しなければならない。

2～3　（略）

（人事委員会又は公平委員会の議事）
第11条　人事委員会又は公平委員会は、3人の委員が出席しなければ会議を開くことができない。

2　人事委員会又は公平委員会は、会議を開かなければ公務の運営又は職員の福祉若しくは利益の保護に著しい支障が生ずると認められる十分な理由があるときは、前項の規定にかかわらず、2人の委員が

出席すれば会議を開くことが
できる。

3　人事委員会又は公平委員会
の議事は、出席委員の過半数
で決する。

4〜5　（略）


（人事委員会及び公平委員会
の事務局又は事務職員）

第12条　人事委員会に事務局を
置き、事務局に事務局長その
他の事務職員を置く。

2　人事委員会は、第9条の2
第9項（※委員の兼職禁止）
の規定にかかわらず、委員に
事務局長の職を兼ねさせるこ
とができる。

3　事務局長は、人事委員会の
指揮監督を受け、事務局の局
務を掌理する。

4　第7条第2項の規定により
人事委員会を置く地方公共団
体（※人口15万人以上の市、
特別区）は、第1項の規定に
かかわらず、事務局を置かな
いで事務職員を置くことがで
きる。

5　公平委員会に、事務職員を
置く。

6　競争試験等を行う公平委員
会を置く地方公共団体は、前
項の規定にかかわらず、事務
局を置き、事務局に事務局長
その他の事務職員を置くこと
ができる。

7　第1項及び第4項又は前2
項の事務職員は、人事委員会
又は公平委員会がそれぞれ任
免する。

8〜10　（略）

（平等取扱いの原則）

第13条　全て国民は、この法律
の適用について、平等に取り
扱われなければならず、人種、
信条、性別、社会的身分若し
くは門地によって、又は第16
条第4号に該当する場合（※
憲法・政府を暴力で破壊する
ことを主張する団体の結成加
入）を除くほか、政治的意見
若しくは政治的所属関係に
よって差別されてはならな
い。


（情勢適応の原則）

第14条　地方公共団体は、この
法律に基いて定められた給
与、勤務時間その他の勤務条
件が社会一般の情勢に適応す
るように、随時、適当な措置
を講じなければならない。

2　人事委員会は、随時、前項
の規定により講ずべき措置に
ついて地方公共団体の議会及
び長に勧告することができ
る。


（任用の根本基準）

第15条　職員の任用は、この法
律の定めるところにより、受
験成績、人事評価その他の能
力の実証に基づいて行わなけ
ればならない。


（定義）

第15条の2　この法律におい
て、次の各号に掲げる用語の
意義は、当該各号に定めると
ころによる。

①　採用　職員以外の者を職
員の職に任命すること（臨

時的任用を除く。）をいう。

② **昇任** 職員をその職員が現に任命されている職より**上位の職制上の段階に属する職員の職に任命すること**をいう。

③ **降任** 職員をその職員が現に任命されている職より**下位の職制上の段階に属する職員の職に任命すること**をいう。

④ **転任** 職員をその職員が現に任命されている職以外の職員の職に任命することであって前2号に定めるものに該当しないものをいう。

⑤ **標準職務遂行能力** 職制上の段階の標準的な職（職員の職に限る。以下同じ。）の職務を遂行する上で発揮することが求められる能力として任命権者が定めるものをいう。

2 前項第5号の**標準的な職**は、職制上の段階及び職務の種類に応じ、**任命権者が定める。**

3 地方公共団体の長及び議会の議長以外の任命権者は、**標準職務遂行能力及び第1項第5号の標準的な職を定めよう**とするときは、あらかじめ、**地方公共団体の長に協議しな**ければならない。

（欠格条項）

**第16条** 次の**各号のいずれかに該当する者は、条例で定める場合を除くほか、職員となり、又は競争試験若しくは選考を**

受けることができない。

① **禁錮以上の刑に処せられ、その執行を終わるまで又はその執行を受けること**がなくなるまでの者

② **当該地方公共団体において懲戒免職の処分を受け、当該処分の日から2年を経過しない者**

③ **人事委員会又は公平委員会の委員の職にあって、第60条から第63条までに規定する罪（※地公法違反）を犯し刑に処せられた者**

④ **日本国憲法施行の日以後において、日本国憲法又は**その下に成立した政府を暴**力で破壊することを主張する政党その他の団体を結成**し、又はこれに加入した者

（任命の方法）

**第17条** 職員の職に欠員を生じた場合においては、**任命権者は、採用、昇任、降任又は転任のいずれかの方法により、職員を任命することができ**る。

2 **人事委員会（競争試験等を行う公平委員会を含む。以下この節において同じ。）を置く地方公共団体においては、人事委員会（※競争試験等を行う公平委員会を含む）は、**前項の任命の方法のうちのいずれによるべきかについての一般的基準を定めることができる。

（採用の方法）

**第17条の2** 人事委員会を置く

地方公共団体においては、職員の採用は、競争試験によるものとする。ただし、人事委員会規則（競争試験等を行う公平委員会を置く地方公共団体においては、公平委員会規則。以下この節において同じ。）で定める場合には、選考（競争試験以外の能力の実証に基づく試験をいう。以下同じ。）によることを妨げない。

2　人事委員会を置かない地方公共団体においては、職員の採用は、競争試験又は選考によるものとする。

3　人事委員会（人事委員会を置かない地方公共団体においては、任命権者とする。以下この節において「人事委員会等」という。）は、正式任用になってある職に就いていた職員が、職制若しくは定数の改廃又は予算の減少に基づく廃職又は過員によりその職を離れた後において、再びその職に復する場合における資格要件、採用手続及び採用の際における身分に関し必要な事項を定めることができる。

（試験機関）
第18条　採用のための競争試験（以下「採用試験」という。）又は選考は、人事委員会等（※競争試験等を行う公平委員会を含み、これらを置かない地方公共団体においては、任命権者）が行うものとする。ただし、人事委員会等（※競争試験等を行う公平委員会を

含み、これらを置かない地方公共団体においては、任命権者）は、他の地方公共団体の機関との協定によりこれと共同して、又は国若しくは他の地方公共団体の機関との協定によりこれらの機関に委託して、採用試験又は選考を行うことができる。

（採用試験の公開平等）
第18条の2　採用試験は、人事委員会等の定める受験の資格を有する全ての国民に対して平等の条件で公開されなければならない。

（受験の阻害及び情報提供の禁止）
第18条の3　試験機関に属する者その他職員は、受験を阻害し、又は受験に不当な影響を与える目的をもって特別若しくは秘密の情報を提供してはならない。

（受験の資格要件）
第19条　人事委員会等（※競争試験等を行う公平委員会を含み、これらを置かない地方公共団体においては、任命権者）は、受験者に必要な資格として職務の遂行上必要であって最少かつ適当な限度の客観的かつ画一的な要件を定めるものとする。

（採用試験の目的及び方法）
第20条　採用試験は、受験者が、当該採用試験に係る職の属する職制上の段階の標準的

な職に係る**標準職務遂行能力及び当該採用試験に係る職についての適性を有するかどうかを正確に判定すること**をもってその目的とする。

2　採用試験は、**筆記試験その他の人事委員会等（※競争試験等を行う公平委員会を含み、これらを置かない地方公共団体においては、任命権者）が定める方法により行う**ものとする。

（採用候補者名簿の作成及びこれによる採用）

第21条　人事委員会（※競争試験等を行う公平委員会を含む）を置く地方公共団体における採用試験による職員の採用については、**人事委員会（※競争試験等を行う公平委員会を含む）は、試験ごとに採用候補者名簿を作成する**ものとする。

2　採用候補者名簿には、採用試験において合格点以上を得た者の氏名及び得点を記載するものとする。

3　採用候補者名簿による職員の採用は、任命権者が、人事委員会（※競争試験等を行う公平委員会を含む）の提示する当該名簿に記載された者の中から行うものとする。

4　採用候補者名簿に記載された者の数が採用すべき者の数よりも少ない場合その他の人事委員会規則（※競争試験等を行う公平委員会を置く地方公共団体においては、公平委員会規則）で定める場合には、

人事委員会（※競争試験等を行う公平委員会を含む）は、他の最も適当な採用候補者名簿に記載された者を加えて提示することを妨げない。

5　前各項に定めるものを除くほか、採用候補者名簿の作成及びこれによる採用の方法に関し必要な事項は、人事委員会規則（※競争試験等を行う公平委員会を置く地方公共団体においては、公平委員会規則）で定めなければならない。

（選考による採用）

第21条の2　選考は、当該選考に係る職の属する職制上の段階の標準的な職に係る**標準職務遂行能力及び当該選考に係る職についての適性を有するかどうかを正確に判定すること**をもってその目的とする。

2　選考による職員の採用は、**任命権者が、人事委員会等（※競争試験等を行う公平委員会を含み、これらを置かない地方公共団体においては、任命権者）の行う選考に合格した者の中から行う**ものとする。

3　人事委員会等（※競争試験等を行う公平委員会を含み、これらを置かない地方公共団体においては、任命権者）は、その定める職員の職について前条第1項に規定する採用候補者名簿がなく、かつ、人事行政の運営上必要であると認める場合においては、その職の採用試験又は選考に相当する国又は他の地方公共団体の

266

採用試験又は選考に合格した者を、その職の選考に合格した者とみなすことができる。

（昇任の方法）
第21条の3　職員の昇任は、任命権者が、職員の受験成績、人事評価その他の能力の実証に基づき、任命しようとする職の属する職制上の段階の標準的な職に係る標準職務遂行能力及び当該任命しようとする職についての適性を有すると認められる者の中から行うものとする。

（昇任試験又は選考の実施）
第21条の4　任命権者が職員を人事委員会規則（※競争試験等を行う公平委員会を置く地方公共団体においては、公平委員会規則）で定める職（人事委員会（※競争試験等を行う公平委員会を含む）を置かない地方公共団体においては、任命権者が定める職）に昇任させる場合には、当該職について昇任のための競争試験（以下「昇任試験」という。）又は選考が行われなければならない。
2　人事委員会（※競争試験等を行う公平委員会を含む）は、前項の人事委員会規則（※競争試験等を行う公平委員会を置く地方公共団体においては、公平委員会規則）を定めようとするときは、あらかじめ、任命権者の意見を聴くものとする。
3　昇任試験は、人事委員会等

（※競争試験等を行う公平委員会を含み、これらを置かない地方公共団体においては、任命権者）の指定する職に正式に任用された職員に限り、受験することができる。
4　第18条から第21条までの規定（※試験機関、採用試験の公開平等、受験の阻害・情報提供の禁止、受験資格、目的・方法、採用候補者名簿による採用）は、第1項の規定による職員の昇任試験を実施する場合について準用する。この場合において、第18条の2中「定める受験の資格を有する全ての国民」とあるのは「指定する職に正式に任用された全ての職員」と、第21条中「職員の採用」とあるのは「職員の昇任」と、「採用候補者名簿」とあるのは「昇任候補者名簿」と、同条第4項中「採用すべき」とあるのは「昇任させるべき」と、同条第5項中「採用の方法」とあるのは「昇任の方法」と読み替えるものとする。
5　第18条並びに第21条の2第1項及び第2項の規定（※試験機関、選考の目的、選考による採用）は、第1項の規定による職員の昇任のための選考を実施する場合について準用する。この場合において、同条第2項中「職員の採用」とあるのは、「職員の昇任」と読み替えるものとする。

（降任及び転任の方法）
第21条の5　任命権者は、職員

を降任させる場合には、当該職員の人事評価その他の能力の実証に基づき、任命しようとする職の属する職制上の段階の標準的な職に係る標準職務遂行能力及び当該任命しようとする職についての適性を有すると認められる職に任命するものとする。

2　職員の転任は、任命権者が、職員の人事評価その他の能力の実証に基づき、任命しようとする職の属する職制上の段階の標準的な職に係る標準職務遂行能力及び当該任命しようとする職についての適性を有すると認められる者の中から行うものとする。

（条件付採用）

第22条　職員の採用は、全て条件付のものとし、当該職員がその職において6月の期間を勤務し、その間その職務を良好な成績で遂行したときに、正式のものとなるものとする。この場合において、人事委員会等（※競争試験等を行う公平委員会を含み、これらを置かない地方公共団体においては、任命権者）は、人事委員会規則（人事委員会を置かない地方公共団体においては、地方公共団体の規則。第22条の4第1項及び第22条の5第1項において同じ。）で定めるところにより、条件付採用の期間を1年を超えない範囲内で延長することができる。

（会計年度任用職員の採用の方

法等）

第22条の2　次に掲げる職員（以下この条において「会計年度任用職員」という。）の採用は、第17条の2第1項及び第2項の規定にかかわらず、競争試験又は選考によるものとする。

①　1会計年度を超えない範囲内で置かれる非常勤の職（第22条の4第1項に規定する短時間勤務の職（※定年前再任用短時間勤務の職）を除く。）（次号において「会計年度任用の職」という。）を占める職員であつて、その1週間当たりの通常の勤務時間が常時勤務を要する職を占める職員の1週間当たりの通常の勤務時間に比し短い時間であるもの（※パートタイムの会計年度任用職員）

②　会計年度任用の職を占める職員であつて、その1週間当たりの通常の勤務時間が常時勤務を要する職を占める職員の1週間当たりの通常の勤務時間と同一の時間であるもの（※フルタイムの会計年度任用職員）

2　会計年度任用職員の任期は、その採用の日から同日の属する会計年度の末日までの期間の範囲内で任命権者が定める。

3　任命権者は、前2項の規定により会計年度任用職員を採用する場合には、当該会計年度任用職員にその任期を明示しなければならない。

4　任命権者は、会計年度任用

職員の任期が第2項に規定する期間に満たない場合には、当該会計年度任用職員の勤務実績を考慮した上で、当該期間の範囲内において、その任期を更新することができる。

5　第3項の規定は、前項の規定により任期を更新する場合について準用する。

6　任命権者は、会計年度任用職員の採用又は任期の更新に当たつては、職務の遂行に必要かつ十分な任期を定めるものとし、必要以上に短い任期を定めることにより、採用又は任期の更新を反復して行うことのないよう配慮しなければならない。

7　会計年度任用職員に対する前条の規定（※条件付採用）の適用については、同条中「6月」とあるのは、「1月」とする。

（臨時的任用）

第22条の3　人事委員会（※競争試験等を行う公平委員会を含む）を置く地方公共団体においては、任命権者は、人事委員会規則（※競争試験等を行う公平委員会を置く地方公共団体においては、公平委員会規則）で定めるところにより、常時勤務を要する職に欠員を生じた場合において、緊急のとき、臨時の職に関するとき、又は採用候補者名簿（第21条の4第4項において読み替えて準用する第21条第1項に規定する昇任候補者名簿を含む。）がないときは、人事委員会の承認を得て、6月を超えない期間で臨時的任用を行うことができる。この場合において、任命権者は、人事委員会の承認を得て、当該臨時的任用を6月を超えない期間で更新することができるが、再度更新することはできない。

2　前項の場合において、人事委員会は、臨時的に任用される者の資格要件を定めることができる。

3　人事委員会は、前2項の規定に違反する臨時的任用を取り消すことができる。

4　人事委員会を置かない地方公共団体においては、任命権者は、地方公共団体の規則で定めるところにより、常時勤務を要する職に欠員を生じた場合において、緊急のとき、又は臨時の職に関するときは、6月を超えない期間で臨時的任用を行うことができる。この場合において、任命権者は、当該臨時的任用を6月を超えない期間で更新することができるが、再度更新することはできない。

5　臨時的任用は、正式任用に際して、いかなる優先権をも与えるものではない。

6　前各項に定めるもののほか、臨時的に任用された職員に対しては、この法律を適用する。

（定年前再任用短時間勤務職員の任用）

第22条の4　任命権者は、当該任命権者の属する地方公共

269

団体の条例年齢以上退職者（条例で定める年齢に達した日以後に退職（臨時的に任用される職員その他の法律により任期を定めて任用される職員及び非常勤職員が退職する場合を除く。）をした者をいう。以下同じ。）を、条例で定めるところにより、従前の勤務実績その他の人事委員会規則で定める情報に基づく選考により、短時間勤務の職（当該職を占める職員の1週間当たりの通常の勤務時間が、常時勤務を要する職でその職務が当該短時間勤務の職と同種の職を占める職員の1週間当たりの通常の勤務時間に比し短い時間である職をいう。以下同じ。）に採用することができる。ただし、条例年齢以上退職者がその者を採用しようとする短時間勤務の職に係る定年退職日相当日（短時間勤務の職を占める職員が、常時勤務を要する職でその職務が当該短時間勤務の職と同種の職を占めているものとした場合における第28条の6第1項に規定する定年退職日をいう。第3項及び第4項において同じ。）を経過した者であるときは、この限りでない。

2　前項の条例で定める年齢は、国の職員につき定められている国家公務員法第60条の2第1項に規定する年齢を基準として定めるものとする。

3　第1項の規定により採用された職員（以下この条及び第29条第3項において「定年前再任用短時間勤務職員」という。）の任期は、採用の日から定年退職日相当日までとする。

4　任命権者は、条例年齢以上退職者のうちその者を採用しようとする短時間勤務の職に係る定年退職日相当日を経過していない者以外の者を当該短時間勤務の職に採用することができず、定年前再任用短時間勤務職員のうち当該定年前再任用短時間勤務職員を昇任し、降任し、又は転任しようとする短時間勤務の職に係る定年退職日相当日を経過していない定年前再任用短時間勤務職員以外の職員を当該短時間勤務の職に昇任し、降任し、又は転任することができない。

5　任命権者は、定年前再任用短時間勤務職員を、常時勤務を要する職に昇任し、降任し、又は転任することができない。

6　第1項の規定による採用については、第22条の規定（※条件付採用）は、適用しない。

（人事評価の根本基準）

**第23条**　職員の**人事評価**は、**公正に**行われなければならない。

2　任命権者は、人事評価を任用、給与、分限その他の人事管理の基礎として活用するものとする。

（人事評価の実施）

**第23条の2**　職員の執務については、その**任命権者**は、**定期**

270

的に人事評価を行わなければ
ならない。

2　人事評価の基準及び方法に
関する事項その他人事評価に
関し必要な事項は、任命権者
が定める。

3　前項の場合において、任命
権者が地方公共団体の長及び
議会の議長以外の者であると
きは、同項に規定する事項に
ついて、あらかじめ、地方公
共団体の長に協議しなければ
ならない。

（人事評価に基づく措置）

第23条の3　任命権者は、前条
第1項の人事評価の結果に応
じた措置を講じなければなら
ない。

（人事評価に関する勧告）

第23条の4　人事委員会は、人
事評価の実施に関し、任命権
者に勧告することができる。

（給与、勤務時間その他の勤
務条件の根本基準）

第24条　職員の給与は、その職
務と責任に応ずるものでなけ
ればならない。

2　職員の給与は、生計費並び
に国及び他の地方公共団体の
職員並びに民間事業の従事者
の給与その他の事情を考慮し
て定められなければならな
い。

3　職員は、他の職員の職を兼
ねる場合においても、これに
対して給与を受けてはならな
い。

4　職員の勤務時間その他職員

の給与以外の勤務条件を定め
るに当たっては、国及び他の地
方公共団体の職員との間に権
衡を失しないように適当な考
慮が払われなければならな
い。

5　職員の給与、勤務時間その
他の勤務条件は、条例で定め
る。

（給与に関する条例及び給与
の支給）

第25条　職員の給与は、前条第
5項の規定による給与に関す
る条例に基づいて支給されな
ければならず、また、これに
基づかずには、いかなる金銭
又は有価物も職員に支給して
はならない。

2　職員の給与は、法律又は条
例により特に認められた場合
を除き、通貨で、直接職員に、
その全額を支払わなければな
らない。

3　給与に関する条例には、次
に掲げる事項を規定するもの
とする。

①　給料表

②　等級別基準職務表

③　昇給の基準に関する事項

④　時間外勤務手当、夜間勤
務手当及び休日勤務手当に
関する事項

⑤　前号に規定するものを除
くほか、地方自治法第204
条第2項（※扶養手当、地
域手当等の各種手当）を支
給する場合には、当該手当
に関する事項

⑥　（略）

⑦　前各号に規定するものを

除くほか、給与の支給方法
及び支給条件に関する事項
4　前項第1号の給料表には、
職員の職務の複雑、困難及び
責任の度に基づく等級ごとに
明確な給料額の幅を定めてい
なければならない。
5　第3項第2号の等級別基準
職務表には、職員の職務を前
項の等級ごとに分類する際に
基準となるべき職務の内容を
定めていなければならない。

（給料表に関する報告及び勧
告）
第26条　人事委員会は、毎年少
くとも1回、給料表が適当で
あるかどうかについて、地方
公共団体の議会及び長に同時
に報告するものとする。給与
を決定する諸条件の変化によ
り、給料表に定める給料額を
増減することが適当であると
認めるときは、あわせて適当
な勧告をすることができる。

（修学部分休業）
第26条の2　任命権者は、職員
（臨時的に任用される職員そ
の他の法律により任期を定め
て任用される職員及び非常勤
職員を除く。以下この条及び
次条において同じ。）が申請
した場合において、公務の運
営に支障がなく、かつ、当該
職員の公務に関する能力の向
上に資すると認めるときは、
条例で定めるところにより、
当該職員が、大学その他の条
例で定める教育施設における
修学のため、当該修学に必要

と認められる期間として条例
で定める期間中、1週間の勤
務時間の一部について勤務し
ないこと（以下この条におい
て「修学部分休業」という。）
を承認することができる。
2　前項の規定による承認は、
修学部分休業をしている職員
が休職又は停職の処分を受け
た場合には、その効力を失う。
3　職員が第1項の規定による
承認（※修学部分休業の承認）
を受けて勤務しない場合に
は、条例で定めるところによ
り、減額して給与を支給する
ものとする。
4　前3項に定めるもののほ
か、修学部分休業に関し必要
な事項は、条例で定める。

（高齢者部分休業）
第26条の3　任命権者は、高年
齢として条例で定める年齢に
達した職員（※臨時的任用職
員、任期付採用職員及び非常
勤職員を除く）が申請した場
合において、公務の運営に支
障がないと認めるときは、条
例で定めるところにより、当
該職員が、当該条例で定める
年齢に達した日以後の日で当
該申請において示した日から
当該職員に係る定年退職日
（第28条の6第1項に規定す
る定年退職日をいう。）まで
の期間中、1週間の勤務時間
の一部について勤務しないこ
と（次項において「高齢者部
分休業」という。）を承認す
ることができる。
2　前条第2項から第4項まで

272

の規定（※休職・停職処分の際の休業承認の失効、休業部分についての給与の減額支給等）は、高齢者部分休業について準用する。

（休業の種類）
第26条の4　職員の休業は、自己啓発等休業、配偶者同行休業、育児休業及び大学院修学休業とする。
2　育児休業及び大学院修学休業については、別に法律で定めるところによる。

（自己啓発等休業）
第26条の5　任命権者は、職員（臨時的に任用される職員その他の法律により任期を定めて任用される職員及び非常勤職員を除く。以下この条及び次条（第8項及び第9項を除く。）において同じ。）が申請した場合において、公務の運営に支障がなく、かつ、当該職員の公務に関する能力の向上に資すると認めるときは、条例で定めるところにより、当該職員が、3年を超えない範囲内において条例で定める期間、大学等課程の履修（大学その他の条例で定める教育施設の課程の履修をいう。第5項において同じ。）又は国際貢献活動（国際協力の促進に資する外国における奉仕活動（当該奉仕活動を行うために必要な国内における訓練その他の準備行為を含む。）のうち職員として参加することが適当であると認められるも

のとして条例で定めるものに参加することをいう。第5項において同じ。）のための休業（以下この条において「自己啓発等休業」という。）をすることを承認することができる。
2　自己啓発等休業をしている職員は、自己啓発等休業を開始した時就いていた職又は自己啓発等休業の期間中に異動した職を保有するが、職務に従事しない。
3　自己啓発等休業をしている期間については、給与を支給しない。
4　自己啓発等休業の承認は、当該自己啓発等休業をしている職員が休職又は停職の処分を受けた場合には、その効力を失う。
5　任命権者は、自己啓発等休業をしている職員が当該自己啓発等休業の承認に係る大学等課程の履修又は国際貢献活動を取りやめたことその他条例で定める事由に該当すると認めるときは、当該自己啓発等休業の承認を取り消すものとする。
6　（略）

（配偶者同行休業）
第26条の6　任命権者は、職員が申請した場合において、公務の運営に支障がないと認めるときは、条例で定めるところにより、当該申請をした職員の勤務成績その他の事情を考慮した上で、当該職員が、3年を超えない範囲内におい

て条例で定める期間、配偶者同行休業（職員が、外国での勤務その他の条例で定める事由により外国に住所又は居所を定めて滞在するその配偶者（届出をしないが事実上婚姻関係と同様の事情にある者を含む。第５項及び第６項において同じ。）と、当該住所又は居所において生活を共にするための休業をいう。以下この条において同じ。）をすることを承認することができる。

2　配偶者同行休業をしている職員は、当該配偶者同行休業を開始した日から引き続き配偶者同行休業をしようとする期間が前項の条例で定める期間を超えない範囲内において、条例で定めるところにより、任命権者に対し、配偶者同行休業の期間の延長を申請することができる。

3　配偶者同行休業の期間の延長は、条例で定める特別の事情がある場合を除き、一回に限るものとする。

4　第一項の規定は、配偶者同行休業の期間の延長の承認について準用する。

5　配偶者同行休業の承認は、当該配偶者同行休業をしている職員が休職若しくは停職の処分を受けた場合又は当該配偶者同行休業に係る配偶者が死亡し、若しくは当該職員の配偶者でなくなった場合には、その効力を失う。

6　任命権者は、配偶者同行休業をしている職員が当該配偶者同行休業に係る配偶者と生活を共にしなくなったことその他条例で定める事由に該当すると認めるときは、当該配偶者同行休業の承認を取り消すものとする。

7　任命権者は、第１項又は第２項の規定による申請があった場合において、当該申請に係る期間（以下この項及び次項において「申請期間」という。）について職員の配置換えその他の方法によって当該申請をした職員の業務を処理することが困難であると認めるときは、条例で定めるところにより、当該業務を処理するため、次の各号に掲げる任用のいずれかを行うことができる。この場合において、第２号に掲げる任用は、申請期間について１年を超えて行うことができない。

①　申請期間を任用の期間（以下この条において「任期」という。）の限度として行う任期を定めた採用

②　申請期間を任期の限度として行う臨時的任用

8　任命権者は、条例で定めるところにより、前項の規定により任期を定めて採用された職員の任期が申請期間に満たない場合には、当該申請期間の範囲内において、その任期を更新することができる。

9　任命権者は、第７項の規定により任期を定めて採用された職員を、任期を定めて採用した趣旨に反しない場合に限り、その任期中、他の職に任

274

用することができる。

10　第7項の規定に基づき臨時的任用を行う場合には、第22条の3第1項から第4項までの規定（※臨時的任用）は、適用しない。

11　前条第2項、第3項及び第6項（※自己啓発休業中の職、給与、条例委任）の規定は、配偶者同行休業について準用する。

（分限及び懲戒の基準）
第27条　全て職員の分限及び懲戒については、公正でなければならない。

2　職員は、この法律で定める事由による場合でなければ、その意に反して、降任され、又は免職されず、この法律又は条例で定める事由による場合でなければ、その意に反して、休職され、又は、降給されることがない。

3　職員は、この法律で定める事由による場合でなければ、懲戒処分を受けることがない。

（降任、免職、休職等）
第28条　職員が、次の各号に掲げる場合のいずれかに該当するときは、その意に反して、これを降任し、又は免職することができる。

①　人事評価又は勤務の状況を示す事実に照らして、勤務実績がよくない場合

②　心身の故障のため、職務の遂行に支障があり、又はこれに堪えない場合

③　前2号に規定する場合のほか、その職に必要な適格性を欠く場合

④　職制若しくは定数の改廃又は予算の減少により廃職又は過員を生じた場合

2　職員が、次の各号に掲げる場合のいずれかに該当するときは、その意に反して、これを休職することができる。

①　心身の故障のため、長期の休養を要する場合

②　刑事事件に関し起訴された場合

3　職員の意に反する降任、免職、休職及び降給の手続及び効果は、法律に特別の定めがある場合を除くほか、条例で定めなければならない。

4　職員は、第16条各号（第2号を除く。）のいずれかに該当するに至ったとき（※欠格条項該当）は、条例に特別の定めがある場合を除くほか、その職を失う。

（管理監督職勤務上限年齢による降任等）
第28条の2　任命権者は、管理監督職（※管理職手当を支給される職員の職及びこれに準ずる職であつて条例で定める職）を占める職員でその占める管理監督職に係る管理監督職勤務上限年齢に達している職員について、異動期間（当該管理監督職勤務上限年齢に達した日の翌日から同日以後における最初の4月1日までの間をいう。）（※特例任用により延長された期間を含

275

む。）に、**管理監督職以外の職又は管理監督職勤務上限年齢が当該職員の年齢を超える管理監督職**（以下この項及び第4項においてこれらの職を「他の職」という。）への**降任又は転任（降給を伴う転任に限る。）**をするものとする。ただし、異動期間に、この法律の他の規定により当該職員について他の職への昇任、降任若しくは転任をした場合又は第28条の7第1項（※定年による退職の特例）の規定により当該職員を管理監督職を占めたまま引き続き勤務させることとした場合は、この限りでない。

2　前項の**管理監督職勤務上限年齢**は、**条例**で定めるものとする。

3　管理監督職及び管理監督職勤務上限年齢を定めるに当たつては、**国及び他の地方公共団体の職員との間に権衡を失しないように適当な考慮が払われなければならない。**

4　第1項（※管理監督職勤務上限年齢による降任等）本文の規定による他の職への降任又は転任（以下この節及び第49条第1項ただし書において「他の職への降任等」という。）を行うに当たつて**任命権者が遵守すべき基準に関する事項その他の他の職への降任等に関し必要な事項は、条例で定める。**

（管理監督職への任用の制限）

**第28条の3　任命権者**は、採用し、昇任し、降任し、又は転任しようとする**管理監督職に係る管理監督職勤務上限年齢に達している者**を、その者が当該管理監督職を占めているものとした場合における異動期間の末日の翌日（他の職への降任等をされた職員にあつては、当該他の職への降任等をされた日）以後、**当該管理監督職に採用し、昇任し、降任し、又は転任することができない。**

（適用除外）

**第28条の4　前2条**（※管理監督職勤務上限年齢による降任等及び管理監督職への任用の制限）の規定は、**臨時的に任用される職員その他の法律により任期を定めて任用される職員には適用しない。**

（管理監督職勤務上限年齢による降任等及び管理監督職への任用の制限の特例）

**第28条の5　任命権者**は、他の職への降任等をすべき管理監督職を占める職員について、次に掲げる事由があると認めるときは、**条例で定める**ところにより、当該職員が占める管理監督職に係る異動期間の末日の翌日から起算して1年を超えない期間内（当該期間内に次条第1項に規定する定年退職日（以下この項及び次項において「定年退職日」という。）がある職員にあつては、当該異動期間の末日の翌日から定年退職日までの期

276

間内。第３項において同じ。）
で当該異動期間を延長し、**引
き続き当該管理監督職を占め
る職員に、当該管理監督職を
占めたまま勤務をさせること**
ができる。

① 　当該職員の**職務の遂行上
の特別の事情**を勘案して、当
該職員の他の職への降任等に
より**公務の運営に著しい支障**
が生ずると認められる事由と
して**条例で定める事由**

② 　当該職員の**職務の特殊性**
を勘案して、当該職員の他の
職への降任等により、**当該管
理監督職の欠員の補充が困難**
となることにより**公務の運営
に著しい支障**が生ずると認め
られる事由として条例で定め
る事由

2 　**任命権者**は、前項又はこの
項の規定により**異動期間**（こ
れらの規定により延長された
期間を含む。）が**延長された
管理監督職を占める職員**につ
いて、前項各号に掲げる事由
が引き続きあると認めるとき
は、**条例で定めるところによ
り**、延長された当該異動期間
の末日の**翌日から起算して１
年を超えない期間内**（当該期
間内に定年退職日がある職員
にあつては、延長された当該
異動期間の末日の翌日から定
年退職日までの期間内。第４
項において同じ。）で延長さ
れた当該異動期間を**更に延長**
することができる。ただし、
更に延長される当該異動期間
の末日は、当該職員が占める
管理監督職に係る異動期間の

末日の翌日から起算して**３年
を超えることができない。**

3 　任命権者は、第１項（※特
例任用）の規定により異動期
間を延長することができる場
合を除き、他の職への降任等
をすべき**特定管理監督職群**
（職務の内容が相互に類似す
る複数の管理監督職であつ
て、これらの**欠員を容易に補
充することができない年齢別
構成その他の特別の事情**があ
る管理監督職として**人事委員
会規則**（人事委員会を置かな
い地方公共団体においては、
地方公共団体の規則）**で定め
る管理監督職**をいう。以下こ
の項において同じ。）に属す
る管理監督職を占める職員に
ついて、当該職員の他の職へ
の降任等により、当該特定管
理監督職群に属する**管理監督
職の欠員の補充が困難**となる
ことにより**公務の運営に著し
い支障**が生ずると認められる
事由として条例で定める事由
があると認めるときは、条例
で定めるところにより、当該
職員が占める管理監督職に係
る異動期間の末日の翌日から
起算して**１年を超えない期間
内**で当該異動期間を延長し、
引き続き当該管理監督職を占
めている職員に当該管理監督
職を占めたまま勤務をさせ、
又は当該職員を当該管理監督
職が属する特定管理監督職群
の他の管理監督職に降任し、
若しくは転任することができ
る。

4 　**任命権者**は、第１項若しく

は第2項（※特例任用及び延長された異動期間の再度の延長）の規定により異動期間（これらの規定により延長された期間を含む。）が延長された管理監督職を占める職員について前項に規定する事由があると認めるとき（第2項（※延長された異動期間の再度の延長）の規定により延長された当該異動期間を更に延長することができるときを除く。）、又は前項若しくはこの項の規定により異動期間（前3項又はこの項の規定により延長された期間を含む。）が延長された管理監督職を占める職員について前項に規定する事由が引き続きあると認めるときは、条例で定めるところにより、延長された当該異動期間の末日の翌日から起算して1年を超えない期間内で延長された当該異動期間を更に延長することができる。

5　前各項に定めるもののほか、これらの規定による異動期間（これらの規定により延長された期間を含む。）の延長及び当該延長に係る職員の降任又は転任に関し必要な事項は、条例で定める。

（定年による退職）

第28条の6　職員は、定年に達したときは、定年に達した日以後における最初の3月31日までの間において、条例で定める日（次条第1項及び第2項ただし書において「定年退職日」という。）に退職する。

2　前項の定年は、国の職員につき定められている定年を基準として条例で定めるものとする。

3　前項の場合において、地方公共団体における当該職員に関しその職務と責任に特殊性があること又は欠員の補充が困難であることにより国の職員につき定められている定年を基準として定めることが実情に即さないと認められるときは、当該職員の定年については、条例で別の定めをすることができる。この場合においては、国及び他の地方公共団体の職員との間に権衡を失しないように適当な考慮が払われなければならない。

4　前3項の規定は、臨時的に任用される職員その他の法律により任期を定めて任用される職員及び非常勤職員には適用しない。

（定年による退職の特例）

第28条の7　任命権者は、定年に達した職員が前条第1項の規定により退職すべきこととなる場合において、次に掲げる事由があると認めるときは、同項の規定にかかわらず、条例で定めるところにより、当該職員に係る定年退職日の翌日から起算して1年を超えない範囲内で期限を定め、当該職員を当該定年退職日において従事している職務に従事させるため、引き続き勤務させることができる。ただし、

278

第28条の5第1項から第4項までの規定により異動期間（これらの規定により延長された期間を含む。）を延長した職員であつて、定年退職日において管理監督職を占めている職員については、同条第1項又は第2項の規定により当該定年退職日まで当該異動期間を延長した場合に限るものとし、当該期限は、当該職員が占めている管理監督職に係る異動期間の末日の翌日から起算して3年を超えることができない。

① 前条第1項の規定により退職すべきこととなる職員の職務の遂行上の特別の事情を勘案して、**当該職員の退職により公務の運営に著しい支障**が生ずると認められる事由として条例で定める事由

② 前条第1項の規定により退職すべきこととなる職員の職務の特殊性を勘案して、当該職員の退職により、当該職員が占める職の**欠員の補充が困難となることにより公務の運営に著しい支障が生ずる**と認められる事由として条例で定める事由

2 任命権者は、前項の期限又はこの項の規定により延長された期限が到来する場合において、**前項各号に掲げる事由が引き続きあると認めるときは、条例で定めるところにより、これらの期限の翌日から起算して1年を超えない範囲内で期限を延長することができる**。ただし、当該期限は、

当該職員に係る定年退職日（同項ただし書に規定する職員にあつては、当該職員が占めている管理監督職に係る異動期間の末日）の翌日から起算**して3年を超えることができない。**

3 前2項に定めるもののほか、これらの規定による勤務に関し必要な事項は、条例で定める。

（懲戒）
**第29条** 職員が次の各号のいずれかに該当する場合には、当該職員に対し、懲戒処分として**戒告、減給、停職又は免職**の処分をすることができる。

① **この法律**若しくは第57条に規定する特例を定めた**法律（※教育公務員、単純労務職員等に関する特例法）**又はこれらに基づく条例、地方公共団体の**規則**若しくは地方公共団体の機関の定める**規程**に**違反した場合**

② **職務上の義務に違反し、又は職務を怠つた場合**

③ **全体の奉仕者たるにふさわしくない非行のあつた場合**

2 職員が、任命権者の要請に応じ当該地方公共団体の特別職に属する地方公務員、他の地方公共団体若しくは特定地方独立行政法人の地方公務員、国家公務員又は地方公社（地方住宅供給公社、地方道路公社及び土地開発公社をいう。）その他その**業務が地方公共団体若しくは国の事務若**

279

しくは事業と密接な関連を有する法人のうち条例で定めるものに使用される者（以下この項において「特別職地方公務員等」という。）となるため退職し、引き続き特別職地方公務員等として在職した後、引き続いて当該退職を前提として職員として採用された場合（一の特別職地方公務員等として在職した後、引き続き一以上の特別職地方公務員等として在職し、引き続いて当該退職を前提として職員として採用された場合を含む。）において、当該退職までの引き続く職員としての在職期間（当該退職前に同様の退職（以下この項において「先の退職」という。）、特別職地方公務員等としての在職及び職員としての採用がある場合には、当該先の退職までの引き続く職員としての在職期間を含む。次項において「要請に応じた退職前の在職期間」という。）中に前項各号のいずれかに該当したときは、当該職員に対し同項に規定する懲戒処分を行うことができる。

3　定年前再任用短時間勤務職員（第22条の4第1項の規定により採用された職員に限る。以下この項において同じ。）が、条例年齢以上退職者となつた日までの引き続く職員としての在職期間（要請に応じた退職前の在職期間を含む。）又は第22条の4第1項の規定によりかつて採用されて定年前再任用短時間勤務職員として在職していた期間中に第1項各号のいずれかに該当したときは、当該職員に対し同項に規定する懲戒処分を行うことができる。

4　職員の懲戒の手続及び効果は、法律に特別の定めがある場合を除くほか、条例で定めなければならない。

（適用除外）
第29条の2　次に掲げる職員及びこれに対する処分については、第27条第2項（※分限の基準）、第28条第1項から第3項まで（※分限処分）、第49条第1項及び第2項（※不利益処分に関する説明書の交付）並びに行政不服審査法の規定を適用しない。

①　条件附採用期間中の職員
②　臨時的に任用された職員

2　前項各号に掲げる職員の分限については、条例で必要な事項を定めることができる。

（服務の根本基準）
第30条　すべて職員は、全体の奉仕者として公共の利益のために勤務し、且つ、職務の遂行に当つては、全力を挙げてこれに専念しなければならない。

（服務の宣誓）
第31条　職員は、条例の定めるところにより、服務の宣誓をしなければならない。

（法令等及び上司の職務上の

命令に従う義務）
第32条　職員は、その職務を遂
　行するに当って、法令、条例、
　地方公共団体の規則及び地
　方公共団体の機関の定める規程
　に従い、且つ、上司の職務上
　の命令に忠実に従わなければ
　ならない。

（信用失墜行為の禁止）
第33条　職員は、その職の信用
　を傷つけ、又は職員の職全体
　の不名誉となるような行為を
　してはならない。

（秘密を守る義務）
第34条　職員は、職務上知り得
　た秘密を漏らしてはならな
　い。その職を退いた後も、ま
　た、同様とする。
2　法令による証人、鑑定人等
　となり、職務上の秘密に属す
　る事項を発表する場合におい
　ては、任命権者（退職者につ
　いては、その退職した職又は
　これに相当する職に係る任命
　権者）の許可を受けなければ
　ならない。
3　前項の許可は、法律に特別
　の定がある場合を除く外、拒
　むことができない。

（職務に専念する義務）
第35条　職員は、法律又は条例
　に特別の定がある場合を除く
　外、その勤務時間及び職務上
　の注意力のすべてをその職責
　遂行のために用い、当該地方
　公共団体がなすべき責を有す
　る職務にのみ従事しなければ
　ならない。

（政治的行為の制限）
第36条　職員は、政党その他の
　政治的団体の結成に関与し、
　若しくはこれらの団体の役員
　となってはならず、又はこれ
　らの団体の構成員となるよう
　に、若しくはならないように
　勧誘運動をしてはならない。
2　職員は、特定の政党その他
　の政治的団体又は特定の内閣
　若しくは地方公共団体の執行
　機関を支持し、又はこれに反
　対する目的をもって、あるい
　は公の選挙又は投票において
　特定の人又は事件を支持し、
　又はこれに反対する目的をも
　って、次に掲げる政治的行為
　をしてはならない。ただし、
　当該職員の属する地方公共団
　体の区域（中略）外において、
　第1号から第3号まで及び第
　5号に掲げる政治的行為をす
　ることができる。
①　公の選挙又は投票におい
　て投票をするように、また
　はしないように勧誘運動を
　すること。
②　署名運動を企画し、又は
　主宰する等これに積極的に
　関与すること。
③　寄付金その他の金品の募
　集に関与すること。
④　文書又は図画を地方公共
　団体又は特定地方独立行政
　法人の庁舎（特定地方独立
　行政法人にあっては、事務
　所。以下この号において同
　じ。）、施設等に掲示し、又
　は掲示させ、その他地方公
　共団体又は特定地方独立行

政法人の庁舎、施設、資材又は資金を利用し、又は利用させること。

⑤　前各号に定めるものを除く外、条例で定める政治的行為

3　何人も前2項に規定する政治的行為を行うよう職員に求め、職員をそそのかし、若しくはあおってはならず、又は職員が前2項に規定する政治的行為をなし、若しくはなさないことに対する代償若しくは報復として、任用、職務、給与その他職員の地位に関して何らかの利益若しくは不利益を与え、与えようと企て、若しくは約束してはならない。

4　職員は、前項に規定する違法な行為に応じなかったことの故をもって不利益な取扱を受けることはない。

5　（略）

（争議行為等の禁止）

第37条　職員は、地方公共団体の機関が代表する使用者としての住民に対して同盟罷業、怠業その他の争議行為をし、又は地方公共団体の機関の活動能率を低下させる怠業的行為をしてはならない。又、何人も、このような違法な行為を企て、又はその遂行を共謀し、そそのかし、若しくはあおってはならない。

2　職員で前項の規定に違反する行為をしたものは、その行為の開始とともに、地方公共団体に対し、法令又は条例、

地方公共団体の規則若しくは地方公共団体の機関の定める規程に基いて保有する任命上又は雇用上の権利をもって対抗することができなくなるものとする。

（営利企業への従事等の制限）

第38条　職員は、任命権者の許可を受けなければ、商業、工業又は金融業その他営利を目的とする私企業（以下この項及び次条第1項において「営利企業」という。）を営むことを目的とする会社その他の団体の役員その他人事委員会規則（人事委員会を置かない地方公共団体においては、地方公共団体の規則）で定める地位を兼ね、若しくは自ら営利企業を営み、又は報酬を得ていかなる事業若しくは事務にも従事してはならない。ただし、非常勤職員（短時間勤務の職を占める職員及び第22条の2第1項第2号に掲げる職員を除く。）については、この限りでない。

2　人事委員会は、人事委員会規則により前項の場合における任命権者の許可の基準を定めることができる。

（再就職者による依頼等の規制）

第38条の2　職員（臨時的に任用された職員、条件付採用期間中の職員及び非常勤職員（短時間勤務の職を占める職員を除く。）を除く。以下こ

の節、第60条及び第63条において同じ。）であった者であって離職後に営利企業等（営利企業及び営利企業以外の法人（国、国際機関、地方公共団体、独立行政法人通則法第2条第4項に規定する行政執行法人及び特定地方独立行政法人を除く。）をいう。以下同じ。）の地位に就いている者（退職手当通算予定職員であった者であって引き続いて退職手当通算法人の地位に就いている者及び公益的法人等への一般職の地方公務員の派遣等に関する法律第10条第2項に規定する退職派遣者を除く。以下「再就職者」という。）は、離職前5年間に在職していた地方公共団体の執行機関の組織（当該執行機関（当該執行機関の附属機関を含む。）の補助機関及び当該執行機関の管理に属する機関の総体をいう。第38条の7において同じ。）若しくは議会の事務局（事務局を置かない場合にあっては、これに準ずる組織。同条において同じ。）若しくは特定地方独立行政法人（以下「地方公共団体の執行機関の組織等」という。）の職員若しくは特定地方独立行政法人の役員（以下「役職員」という。）又はこれらに類する者として人事委員会規則（人事委員会を置かない地方公共団体においては、地方公共団体の規則。以下この条（第7項を除く。）、第38条の7、第60条及び第64条におい

て同じ。）で定めるものに対し、当該地方公共団体若しくは当該特定地方独立行政法人と当該営利企業等若しくはその子法人（中略）との間で締結される売買、貸借、請負その他の契約又は当該営利企業等若しくはその子法人に対して行われる行政手続法第2条第2号に規定する処分に関する事務（以下「契約等事務」という。）であって離職前5年間の職務に属するものに関し、離職後2年間、職務上の行為をするように、又はしないように要求し、又は依頼してはならない。

2～3　（略）

4　第1項の規定によるもののほか、再就職者のうち、地方自治法第158条第1項に規定する普通地方公共団体の長の直近下位の内部組織の長又はこれに準ずる職であって人事委員会規則で定めるものに離職した日の5年前の日より前に就いていた者は、当該職に就いていた時に在職していた地方公共団体の執行機関の組織等の役職員又はこれに類する者として人事委員会規則で定めるものに対し、契約等事務であって離職した日の5年前の日より前の職務（当該職に就いていたときの職務に限る。）に属するものに関し、離職後2年間、職務上の行為をするように、又はしないように要求し、又は依頼してはならない。

5　第1項及び前項の規定によ

るもののほか、再就職者は、在職していた地方公共団体の執行機関の組織等の役職員又はこれに類する者として人事委員会規則で定めるものに対し、当該地方公共団体若しくは当該特定地方独立行政法人と営利企業等（当該再就職者が現にその地位に就いているものに限る。）若しくはその子法人との間の契約であって当該地方公共団体若しくは当該特定地方独立行政法人においてその締結について自らが決定したもの又は当該地方公共団体若しくは当該特定地方独立行政法人による当該営利企業等若しくはその子法人に対する行政手続法第二条第二号に規定する処分であって自らが決定したものに関し、職務上の行為をするように、又はしないように要求し、又は依頼してはならない。

6　第１項及び前２項の規定（第８項の規定に基づく条例が定められているときは、当該条例の規定を含む。）は、次に掲げる場合には適用しない。

① 試験、検査、検定その他の行政上の事務であって、法律の規定に基づく行政庁による指定若しくは登録その他の処分（以下「指定等」という。）を受けた者が行う当該指定等に係るもの若しくは行政庁から委託を受けた者が行う当該委託に係るものを遂行するために必要な場合、又は地方公共団体若しくは国の事務若しくは事業と密接な関連を有する業務として人事委員会規則で定めるものを行うために必要な場合

② 行政庁に対する権利若しくは義務を定めている法令の規定若しくは地方公共団体若しくは特定地方独立行政法人との間で締結された契約に基づき、権利を行使し、若しくは義務を履行する場合、行政庁の処分により課された義務を履行する場合又はこれらに類する場合として人事委員会規則で定める場合

③ 行政手続法第２条第３号に規定する申請又は同条第７号に規定する届出を行う場合

④ 地方自治法第234条第１項に規定する一般競争入札若しくはせり売りの手続又は特定地方独立行政法人が公告して申込みをさせることによる競争の手続に従い、売買、貸借、請負その他の契約を締結するために必要な場合

⑤ 法令の規定により又は慣行として公にされ、又は公にすることが予定されている情報の提供を求める場合（一定の日以降に公にすることが予定されている情報を同日前に開示するよう求める場合を除く。）

⑥ 再就職者が役職員（これに類する者を含む。以下この号において同じ。）に対

し、契約等事務に関し、職務上の行為をするように、又はしないように要求し、又は依頼することにより公務の公正性の確保に支障が生じないと認められる場合として人事委員会規則で定める場合において、人事委員会規則で定める手続により任命権者の承認を得て、再就職者が当該承認に係る役職員に対し、当該承認に係る契約等事務に関し、職務上の行為をするように、又はしないように要求し、又は依頼する場合

7　職員は、前項各号に掲げる場合を除き、再就職者から第１項、第４項又は第５項の規定（次項の規定に基づく条例が定められているときは、当該条例の規定を含む。）により禁止される要求又は依頼を受けたとき（地方独立行政法人法第50条の２において準用する第１項、第４項又は第５項の規定（同条において準用する次項の規定に基づく条例が定められているときは、当該条例の規定を含む。）により禁止される要求又は依頼を受けたときを含む。）は、人事委員会規則又は公平委員会規則で定めるところにより、**人事委員会又は公平委員会にその旨を届け出なければならない。**

8　地方公共団体は、その組織の規模その他の事情に照らして必要があると認めるときは、再就職者のうち、国家行政組織法第21条第１項（※内部部局に設置する職）に規定する部長又は課長の職に相当する職として人事委員会規則で定めるものに離職した日の５年前の日より前に就いていた者について、当該職に就いていた時に在職していた地方公共団体の執行機関の組織等の役職員又はこれに類する者として人事委員会規則で定めるものに対し、契約等事務であって離職した日の５年前の日より前の職務（当該職に就いていたときの職務に限る。）に属するものに関し、離職後２年間、職務上の行為をするように、又はしないように要求し、又は依頼してはならないことを条例により定めることができる。

（違反行為の疑いに係る任命権者の報告）
**第38条の３**　任命権者は、職員又は職員であった者に前条の規定（同条第８項（※国の部課長級に相当する職にあった元職員による働きかけ規制）の規定に基づく条例が定められているときは、当該条例の規定を含む。）に違反する行為（以下「規制違反行為」という。）を行った疑いがあると思料するときは、その旨を人事委員会又は公平委員会に報告しなければならない。

（任命権者による調査）
**第38条の４**　任命権者は、職員又は職員であった者に規制違

285

反行為を行った疑いがあると思料して当該規制違反行為に関して調査を行おうとするときは、人事委員会又は公平委員会にその旨を通知しなければならない。

2　人事委員会又は公平委員会は、任命権者が行う前項の調査の経過について、報告を求め、又は意見を述べることができる。

3　任命権者は、第１項の調査を終了したときは、遅滞なく、人事委員会又は公平委員会に対し、当該調査の結果を報告しなければならない。

（任命権者に対する調査の要求等）

第38条の５　人事委員会又は公平委員会は、第38条の２第７項の届出（※元職員による働きかけを受けた職員の人事委員会等への届出）、第38条の３の報告（※規制違反行為の疑いがある場合における任命権者の人事委員会等への報告）又はその他の事由により職員又は職員であった者に規制違反行為を行った疑いがあると思料するときは、任命権者に対し、当該規制違反行為に関する調査を行うよう求めることができる。

2　前条第２項及び第３項の規定は、前項の規定により行われる調査について準用する。

（地方公共団体の講ずる措置）

第38条の６　地方公共団体は、

国家公務員法中退職管理に関する規定の趣旨及び当該地方公共団体の職員の離職後の就職の状況を勘案し、退職管理の適正を確保するために必要と認められる措置を講ずるものとする。

2　地方公共団体は、第38条の２（※元職員による働きかけ規制）の規定の円滑な実施を図り、又は前項の規定による措置を講ずるため必要と認めるときは、条例で定めるところにより、職員であった者で条例で定めるものが、条例で定める法人の役員その他の地位であって条例で定めるものに就こうとする場合又は就いた場合には、離職後条例で定める期間、条例で定める事項を条例で定める者に届け出させることができる。

（廃置分合に係る特例）

第38条の７　職員であった者が在職していた地方公共団体（この条の規定により当該職員であつた者が在職していた地方公共団体とみなされる地方公共団体を含む。）の廃置分合により当該職員であった者が在職していた地方公共団体（以下この条において「元在職団体」という。）の事務が他の地方公共団体に承継された場合には、当該他の地方公共団体を当該元在職団体と、当該他の地方公共団体の執行機関の組織若しくは議会の事務局で当該元在職団体の執行機関の組織若しくは議会

の事務局に相当するものの職員又はこれに類する者として当該他の地方公共団体の人事委員会規則で定めるものを当該元在職団体の執行機関の組織若しくは議会の事務局の職員又はこれに類する者として当該元在職団体の人事委員会規則で定めるものと、それぞれみなして、第38条の2から前条までの規定（第38条の2第8項の規定に基づく条例が定められているときは当該条例の規定を含み、これらの規定に係る罰則を含む。）並びに第60条第4号から第8号まで及び第63条の規定を適用する。

（研修）

**第39条** 職員には、その勤務能率の発揮及び増進のために、研修を受ける機会が与えられなければならない。

2 前項の研修は、**任命権者が**行うものとする。

3 **地方公共団体**は、研修の目標、研修に関する計画の指針となるべき事項その他**研修に関する基本的な方針を定める**ものとする。

4 **人事委員会は、研修に関する計画の立案その他研修の方法について任命権者に勧告す**ることができる。

（厚生制度）

**第42条** **地方公共団体は、職員**の保健、元気回復その他厚生に関する事項について計画を樹立し、これを実施しなけれ

ばならない。

（共済制度）

**第43条** **職員の病気、負傷、出産、休業、災害、退職、障害若しくは死亡又はその被扶養者の病気、負傷、出産、死亡若しくは災害に関して適切な給付を行なうための相互救済を目的とする共済制度が、**実施されなければならない。

2 前項の共済制度には、職員が相当年限忠実に勤務して退職した場合又は公務に基づく病気若しくは負傷により退職し、若しくは死亡した場合におけるその者又はその遺族に対する退職年金に関する制度が含まれていなければならない。

3 前項の退職年金に関する制度は、退職又は死亡の時の条件を考慮して、本人及びその退職又は死亡の当時その者が直接扶養する者のその後における適当な生活の維持を図ることを目的とするものでなければならない。

4 **第1項の共済制度について**は、国の制度との間に権衡を**失しないように適当な考慮が**払われなければならない。

5 **第1項の共済制度は、健全な保険数理を基礎として定め**られなければならない。

6 **第1項の共済制度は、法律**によってこれを定める。

（公務災害補償）

**第45条** **職員が公務に因り死亡し、負傷し、若しくは疾病に**

287

かかり、若しくは**公務に因る負傷若しくは疾病により死亡し、若しくは障害の状態となり**、又は船員である職員が公務に因り行方不明となった場合においてその者又はその者の**遺族若しくは被扶養者がこれらの原因によって受ける損害は、補償されなければならない。**

2　（略）

3　前項の補償に関する制度には、次に掲げる事項が定められなければならない。

　①　職員の公務上の負傷又は疾病に対する必要な療養又は療養の費用の負担に関する事項

　②　職員の公務上の負傷又は疾病に起因する療養の期間又は船員である職員の公務による行方不明の期間におけるその職員の所得の喪失に対する補償に関する事項

　③　職員の公務上の負傷又は疾病に起因して、永久に、又は長期に所得能力を害された場合におけるその職員の受ける損害に対する補償に関する事項

　④　職員の公務上の負傷又は疾病に起因する死亡の場合におけるその遺族又は職員の死亡の当時その収入によって生計を維持した者の受ける損害に対する補償に関する事項

4　**第2項の補償に関する制度は、法律によって定めるものとし、当該制度については、国の制度との権衡を失しない**ように適当な**考慮**が払われなければならない。

（勤務条件に関する措置の要求）

第46条　**職員は、給与、勤務時間その他の勤務条件に関し、人事委員会又は公平委員会に対して、地方公共団体の当局により適当な措置が執られるべきことを要求することができる。**

（審査及び審査の結果執るべき措置）

第47条　前条に規定する要求があったときは、**人事委員会又は公平委員会は、**事案について**口頭審理その他の方法による審査を行い、事案を判定し、その結果に基づいて、その権限に属する事項については、自らこれを実行し、その他の事項については、当該事項に関し権限を有する地方公共団体の機関に対し、必要な勧告をしなければならない。**

（要求及び審査、判定の手続等）

第48条　前2条の規定による**要求及び審査、判定の手続並びに審査、判定の結果執るべき措置に関し必要な事項は、人事委員会規則又は公平委員会規則で定めなければならない。**

（不利益処分に関する説明書の交付）

第49条　**任命権者は、職員に対**

し、懲戒その他その意に反すると認める不利益な処分を行う場合においては、その際、当該職員に対し、処分の事由を記載した説明書を交付しなければならない。ただし、他の職への降任等に該当する降任をする場合又は他の職への降任等に伴い降給をする場合は、この限りでない。

2　職員は、その意に反して不利益な処分を受けたと思うときは、任命権者に対し処分の事由を記載した説明書の交付を請求することができる。

3　前項の規定による請求を受けた任命権者は、その日から15日以内に、同項の説明書を交付しなければならない。

4　第１項又は第２項の説明書には、当該処分につき、人事委員会又は公平委員会に対して審査請求をすることができる旨及び審査請求をすることができる期間を記載しなければならない。

（審査請求）
第49条の２　前条第１項に規定する処分（※不利益処分）を受けた職員は、人事委員会又は公平委員会に対してのみ審査請求をすることができる。

2　前条第１項に規定する処分（※不利益処分）を除くほか、職員に対する処分については、審査請求をすることができない。職員がした申請に対する不作為についても、同様とする。

3　第１項に規定する審査請求については、行政不服審査法第２章の規定（※審査請求の手続、審理手続、裁決等）を適用しない。

（審査請求期間）
第49条の３　前条第１項に規定する審査請求は、処分があったことを知った日の翌日から起算して３月以内にしなければならず、処分があった日の翌日から起算して１年を経過したときは、することができない。

（審査及び審査の結果執るべき措置）
第50条　第49条の２第１項に規定する審査請求を受理したときは、人事委員会又は公平委員会は、直ちにその事案を審査しなければならない。この場合において、処分を受けた職員から請求があったときは、口頭審理を行わなければならない。口頭審理は、その職員から請求があったときは、公開して行わなければならない。

2　人事委員会又は公平委員会は、必要があると認めるときは、当該審査請求に対する裁決を除き、審査に関する事務の一部を委員又は事務局長に委任することができる。

3　人事委員会又は公平委員会は、第１項に規定する審査の結果に基いて、その処分を承認し、修正し、又は取り消し、及び必要がある場合においては、任命権者にその職員の受

けるべきであった給与その他
の給付を回復するため必要で
且つ適切な措置をさせる等その職員がその処分によって受
けた不当な取扱を是正するた
めの指示をしなければならな
い。

（審査請求の手続等）
第51条　審査請求の手続及び審
査の結果執るべき措置に関し
必要な事項は、人事委員会規
則又は公平委員会規則で定め
なければならない。

（審査請求と訴訟との関係）
第51条の2　第49条第1項に規
定する処分（※不利益処分）
であって人事委員会又は公平
委員会に対して審査請求をす
ることができるものの取消し
の訴えは、審査請求に対する
人事委員会又は公平委員会の
裁決を経た後でなければ、提
起することができない。

（職員団体）
第52条　この法律において「職
員団体」とは、職員がその勤
務条件の維持改善を図ること
を目的として組織する団体又
はその連合体をいう。
2　前項の「職員」とは、第5
項に規定する職員以外の職員
をいう。
3　職員は、職員団体を結成し、
若しくは結成せず、又はこれ
に加入し、若しくは加入しな
いことができる。ただし、重
要な行政上の決定を行う職
員、重要な行政上の決定に参

画する管理的地位にある職
員、職員の任免に関して直接
の権限を持つ監督的地位にあ
る職員、職員の任免、分限、
懲戒若しくは服務、職員の給
与その他の勤務条件又は職員
団体との関係についての当局
の計画及び方針に関する機密
の事項に接し、そのためにそ
の職務上の義務と責任とが職
員団体の構成員としての誠意
と責任とに直接に抵触すると
認められる監督的地位にある
職員その他職員団体との関係
において当局の立場に立って
遂行すべき職務を担当する職
員（以下「管理職員等」とい
う。）と管理職員等以外の職
員とは、同一の職員団体を組
織することができず、管理職
員等と管理職員等以外の職員
とが組織する団体は、この法
律にいう「職員団体」ではな
い。
4　前項ただし書に規定する管
理職員等の範囲は、人事委員
会規則又は公平委員会規則で
定める。
5　警察職員及び消防職員は、
職員の勤務条件の維持改善を
図ることを目的とし、かつ、
地方公共団体の当局と交渉す
る団体を結成し、又はこれに
加入してはならない。

（職員団体の登録）
第53条　職員団体は、条例で定
めるところにより、理事その
他の役員の氏名及び条例で定
める事項を記載した申請書に
規約を添えて人事委員会又は

**公平委員会に登録を申請する**ことができる。

2　前項に規定する職員団体の規約には、少くとも左に掲げる事項を記載するものとする。
①　名称
②　目的及び業務
③　主たる事務所の所在地
④　構成員の範囲及びその資格の得喪に関する規定
⑤　理事その他の役員に関する規定
⑥　第３項に規定する事項を含む業務執行、会議及び投票に関する規定
⑦　経費及び会計に関する規定
⑧　他の職員団体との連合に関する規定
⑨　規約の変更に関する規定
⑩　解散に関する規定

3　職員団体が登録される資格を有し、及び引き続き登録されているためには、規約の作成又は変更、役員の選挙その他これらに準ずる重要な行為が、すべての構成員が平等に参加する機会を有する直接且つ秘密の投票による全員の過半数（役員の選挙については、投票者の過半数）によって決定される旨の手続を定め、且つ、現実に、その手続によりこれらの重要な行為が決定されることを必要とする。但し、連合体である職員団体にあっては、すべての構成員が平等に参加する機会を有する構成団体ごとの直接且つ秘密の投票による投票者の過半数で代議員を選挙し、すべての代議員が平等に参加する機会を有する直接且つ秘密の投票によるその全員の過半数（役員の選挙については、投票者の過半数）によって決定される旨の手続を定め、且つ、現実に、その手続により決定されることをもって足りるものとする。

4　前項に定めるもののほか、**職員団体が登録される資格を有し、及び引き続き登録**されているためには、**当該職員団体が同一の地方公共団体に属する前条第５項に規定する職員（※警察・消防職員）以外の職員のみをもって組織され**ていることを必要とする。ただし、同項に規定する職員以外の職員であった者でその意に反して免職され、若しくは懲戒処分としての免職の処分を受け、当該処分を受けた日の翌日から起算して１年以内のもの又はその期間内に当該処分について法律の定めるところにより審査請求をし、若しくは訴えを提起し、これに対する裁決若しくは裁判が確定するに至らないものを構成員にとどめていること、及び当該職員団体の役員である者を構成員としていることを妨げない。

5　**人事委員会又は公平委員会は、登録を申請した職員団体が前３項の規定に適合するものであるときは、条例で定めるところにより、規約及び第１項に規定する申請書の記載事項を登録し、当該職員団体**

にその旨を通知しなければならない。この場合において、職員でない者の役員就任を認めている職員団体を、そのゆえをもって登録の要件に適合しないものと解してはならない。

6　登録を受けた職員団体が職員団体でなくなったとき、登録を受けた職員団体について第2項から第4項までの規定に適合しない事実があったとき、又は登録を受けた職員団体が第9項の規定による届出をしなかったときは、人事委員会又は公平委員会は、条例で定めるところにより、60日を超えない範囲内で当該職員団体の登録の効力を停止し、又は当該職員団体の登録を取り消すことができる。

7　前項の規定による登録の取消しに係る聴聞の期日における審理は、当該職員団体から請求があったときは、公開により行なわなければならない。

8　第6項の規定による登録の取消しは、当該処分の取消しの訴えを提起することができる期間内及び当該処分の取消しの訴えの提起があったときは当該訴訟が裁判所に係属する間は、その効力を生じない。

9　登録を受けた職員団体は、その規約又は第1項に規定する申請書の記載事項に変更があったときは、条例で定めるところにより、人事委員会又は公平委員会にその旨を届け出なければならない。この場合においては、第5項の規定

を準用する。

10　登録を受けた職員団体は、解散したときは、条例で定めるところにより、人事委員会又は公平委員会にその旨を届け出なければならない。

（交渉）
第55条　地方公共団体の当局は、登録を受けた職員団体から、職員の給与、勤務時間その他の勤務条件に関し、及びこれに附帯して、社交的又は厚生的活動を含む適法な活動に係る事項に関し、適法な交渉の申入れがあった場合においては、その申入れに応ずべき地位に立つものとする。

2　職員団体と地方公共団体の当局との交渉は、団体協約を締結する権利を含まないものとする。

3　地方公共団体の事務の管理及び運営に関する事項は、交渉の対象とすることができない。

4　職員団体が交渉することのできる地方公共団体の当局は、交渉事項について適法に管理し、又は決定することのできる地方公共団体の当局とする。

5　交渉は、職員団体と地方公共団体の当局があらかじめ取り決めた員数の範囲内で、職員団体がその役員の中から指名する者と地方公共団体の当局の指名する者との間において行なわなければならない。交渉に当たっては、職員団体と地方公共団体の当局との間

292

において、議題、時間、場所その他必要な事項をあらかじめ取り決めて行なうものとする。

6　前項の場合において、特別の事情があるときは、職員団体は、役員以外の者を指名することができるものとする。ただし、その指名する者は、当該交渉の対象である特定の事項について交渉する適法な委任を当該職員団体の執行機関から受けたことを文書によって証明できる者でなければならない。

7　交渉は、前２項の規定に適合しないこととなったとき、又は他の職員の職務の遂行を妨げ、若しくは地方公共団体の事務の正常な運営を阻害することとなったときは、これを打ち切ることができる。

8　本条に規定する適法な交渉は、勤務時間中においても行なうことができる。

9　職員団体は、法令、条例、地方公共団体の規則及び地方公共団体の機関の定める規程にてい触しない限りにおいて、当該地方公共団体の当局と書面による協定を結ぶことができる。

10　前項の協定は、当該地方公共団体の当局及び職員団体の双方において、誠意と責任をもって履行しなければならない。

11　職員は、職員団体に属していないという理由で、第１項に規定する事項に関し、不満を表明し、又は意見を申し出

る自由を否定されてはならない。

（職員団体のための職員の行為の制限）

第55条の２　職員は、職員団体の業務にもっぱら従事することができない。ただし、任命権者の許可を受けて、登録を受けた職員団体の役員としてもっぱら従事する場合は、この限りでない。

2　前項ただし書の許可は、任命権者が相当と認める場合に与えることができるものとし、これを与える場合においては、任命権者は、その許可の有効期間を定めるものとする。

3　第１項ただし書の規定により登録を受けた職員団体の役員として専ら従事する期間は、職員としての在職期間を通じて５年（地方公営企業等の労働関係に関する法律第６条第１項ただし書（同法附則第五項において準用する場合を含む。）の規定により労働組合の業務に専ら従事したことがある職員については、５年からその専ら従事した期間を控除した期間）を超えることができない（※注　在籍専従の最長年限については、当分の間、「７年以下の範囲内で人事委員会規則又は公平委員会規則で定める期間」に変更となっている。→附則20)

4　第１項ただし書の許可は、当該許可を受けた職員が登録された職員団体の役員として

当該職員団体の業務にもっぱら従事する者でなくなったときは、取り消されるものとする。

5　第1項ただし書の許可を受けた職員は、その許可が効力を有する間は、休職者とし、いかなる給与も支給されず、また、その期間は、退職手当の算定の基礎となる勤続期間に算入されないものとする。

6　職員は、条例で定める場合を除き、給与を受けながら、職員団体のためその業務を行ない、又は活動してはならない。

（不利益取扱の禁止）

第56条　職員は、職員団体の構成員であること、職員団体を結成しようとしたこと、若しくはこれに加入しようとしたこと又は職員団体のために正当な行為をしたことの故をもつて不利益な取扱を受けることはない。

（特例）

第57条　職員のうち、公立学校（中略）の教職員（中略）、単純な労務に雇用される者その他その職務と責任の特殊性に基づいてこの法律に対する特例を必要とするものについては、別に法律で定める。ただし、その特例は、第1条の精神に反するものであってはならない。

（他の法律の適用除外等）

第58条　労働組合法、労働関係

調整法及び最低賃金法並びにこれらに基く命令の規定は、職員に関して適用しない。

2　（略）

3　労働基準法第2条（※労使対等の立場に基づく労働条件の決定、労働協約等の遵守・誠実履行）、第14条第2項（※有期労働契約に関する基準の制定）及び第3項（※行政官庁の助言・指導）、第24条第1項（※賃金支払いの原則）、第32条の3から第32条の5まで（※フレックスタイム制、変形労働時間制）、第38条の2第2項及び第3項（※事業場外みなし労働時間制）、第38条の3（※専門業務型裁量労働制）、第38条の4（※企画業務型裁量労働制）、第39条第6項から第8項まで（※有給休暇の時季変更権に関する特例）、第41条の2（※高度プロフェッショナル制度）第75条から第93条まで（※災害補償及び就業規則に関する諸規定）並びに第102条の規定（※労働基準監督官の権限の特例）、（中略）並びにこれらの規定に基づく命令の規定は、職員に関して適用しない。ただし、（中略）同法第75条から第88条まで（※災害補償に関する諸規定）（中略）の規定は、地方公務員災害補償法第2条第1項に規定する者以外の職員（※非常勤の地方公務員）に関しては適用する。

4～5　（略）

（人事行政の運営等の状況の公表）

第58条の2　任命権者は、次条に規定するもののほか、条例で定めるところにより、毎年、地方公共団体の長に対し、職員（臨時的に任用された職員及び非常勤職員（短時間勤務の職を占める職員及び第22条の2第1項第2号に掲げる職員を除く。）を除く。）の任用、人事評価、給与、勤務時間その他の勤務条件、休業、分限及び懲戒、服務、退職管理、研修並びに福祉及び利益の保護等人事行政の運営の状況を報告しなければならない。

2　人事委員会又は公平委員会は、条例で定めるところにより、毎年、地方公共団体の長に対し、業務の状況を報告しなければならない。

3　地方公共団体の長は、前2項の規定による報告を受けたときは、条例で定めるところにより、毎年、第1項の規定による報告を取りまとめ、その概要及び前項の規定による報告を公表しなければならない。

（等級等ごとの職員の数の公表）

第58条の3　任命権者は、第25条第4項に規定する等級（※給料表に定める等級）及び職員の職の属する職制上の段階ごとに、職員の数を、毎年、地方公共団体の長に報告しなければならない。

2　地方公共団体の長は、毎年、前項の規定による報告を取りまとめ、公表しなければならない。

（総務省の協力及び技術的助言）

第59条　総務省は、地方公共団体の人事行政がこの法律によって確立される地方公務員制度の原則に沿って運営されるように協力し、及び技術的助言をすることができる。

（罰則）

第60条　次の各号のいずれかに該当する者は、1年以下の懲役又は50万円以下の罰金に処する。

①　第13条（※平等取扱いの原則）の規定に違反して差別をした者

②　第34条第1項又は第2項（※守秘義務）の規定（第9条の2第12項において準用する場合（※人事委員会委員、公平委員会委員の守秘義務）を含む。）に違反して秘密を漏らした者

③　第50条第3項の規定による人事委員会又は公平委員会の指示（※職員が処分によって受けた不当な取り扱いを是正するための指示）に故意に従わなかった者

④　離職後2年を経過するまでの間に、離職前5年間に在職していた地方公共団体の執行機関の組織等に属する役職員又はこれに類する者として人事委員会規則で定めるものに対し、契約等

事務であって離職前5年間の職務に属するものに関し、職務上不正な行為をするように、又は相当の行為をしないように要求し、又は依頼した再就職者

⑤ 地方自治法第158条第1項に規定する普通地方公共団体の長の直近下位の内部組織の長又はこれに準ずる職であって人事委員会規則で定めるものに離職した日の5年前の日より前に就いていた者であって、離職後2年を経過するまでの間に、当該職に就いていた時に在職していた地方公共団体の執行機関の組織等に属する役職員又はこれに類する者として人事委員会規則で定めるものに対し、契約等事務であって離職した日の5年前の日より前の職務（当該職に就いていたときの職務に限る。）に属するものに関し、職務上不正な行為をするように、又は相当の行為をしないように要求し、又は依頼した再就職者

⑥ 在職していた地方公共団体の執行機関の組織等に属する役職員又はこれに類する者として人事委員会規則で定めるものに対し、当該地方公共団体若しくは当該特定地方独立行政法人と営利企業等（再就職者が現にその地位に就いているものに限る。）若しくはその子法人との間の契約であって当該地方公共団体若しくは当該特定地方独立行政法人においてその締結について自らが決定したもの又は当該地方公共団体若しくは当該特定地方独立行政法人による当該営利企業等若しくはその子法人に対する行政手続法第2条第2号に規定する処分であって自らが決定したものに関し、職務上不正な行為をするように、又は相当の行為をしないように要求し、又は依頼した再就職者

⑦ 国家行政組織法第21条第1項（※内部部局に設置する職）に規定する部長又は課長の職に相当する職として人事委員会規則で定めるものに離職した日の5年前の日より前に就いていた者であって、離職後2年を経過するまでの間に、当該職に就いていた時に在職していた地方公共団体の執行機関の組織等に属する役職員又はこれに類する者として人事委員会規則で定めるものに対し、契約等事務であって離職した日の5年前の日より前の職務（当該職に就いていたときの職務に限る。）に属するものに関し、職務上不正な行為をするように、又は相当の行為をしないように要求し、又は依頼した再就職者（第38条の2第8項（※国の部課長級に相当する職にあった元職員による働きかけ規

制）の規定に基づき条例を定めている地方公共団体の再就職者に限る。）

⑧　第４号から前号までに掲げる再就職者から要求又は依頼（地方独立行政法人法第50条の２において準用する第４号から前号までに掲げる要求又は依頼を含む。）を受けた職員であって、当該要求又は依頼を受けたことを理由として、職務上不正な行為をし、又は相当の行為をしなかった者

第61条　次の各号のいずれかに該当する者は、３年以下の懲役又は100万円以下の罰金に処する。

①　第50条第１項に規定する権限の行使（※審査請求に係る人事委員会、公平委員会の事案審査）に関し、第８条第６項の規定により人事委員会若しくは公平委員会から証人として喚問を受け、正当な理由がなくてこれに応ぜず、若しくは虚偽の陳述をした者又は同項の規定により人事委員会若しくは公平委員会から書類若しくはその写の提出を求められ、正当な理由がなくてこれに応ぜず、若しくは虚偽の事項を記載した書類若しくはその写を提出した者

②　第15条の規定（※受験成績、人事評価その他能力の実証に基づく任用）に違反して任用した者

③　第18条の３（第21条の４

第４項において準用する場合を含む。）の規定（※受験阻害・情報の提供等の禁止）に違反して受験を阻害し、又は情報を提供した者

④　削除

⑤　第46条の規定による勤務条件に関する措置の要求の申出を故意に妨げた者

第62条　第60条第２号又は前条第１号から第３号まで若しくは第５号に掲げる行為を企て、命じ、故意にこれを容認し、そそのかし、又はそのほう助をした者は、それぞれ各本条の刑に処する。

第62条の２　何人たるを問わず、第37条第１項前段に規定する違法な行為（※同盟罷業、怠業その他の争議行為等）の遂行を共謀し、唆し、若しくはあおり、又はこれらの行為を企てた者は、３年以下の禁錮又は100万円以下の罰金に処する。

第63条　次の各号のいずれかに該当する者は、３年以下の懲役に処する。ただし、刑法に正条があるときは、刑法による。

①　職務上不正な行為（当該職務上不正な行為が、営利企業等に対し、他の役職員をその離職後に、若しくは役職員であった者を、当該営利企業等若しくはその子法人の地位に就かせることを目的として、当該役職員

若しくは役職員であった者に関する情報を提供し、若しくは当該地位に関する情報の提供を依頼し、若しくは当該役職員若しくは役職員であった者を当該地位に就かせることを要求し、若しくは依頼する行為、又は営利企業等に対し、離職後に当該営利企業等若しくはその子法人の地位に就くことを目的として、自己に関する情報を提供し、若しくは当該地位に関する情報の提供を依頼し、若しくは当該地位に就くことを要求し、若しくは約束する行為である場合における当該職務上不正な行為を除く。次号において同じ。）をすること若しくはしたこと、又は相当の行為をしないこと若しくはしなかったことに関し、営利企業等に対し、離職後に当該営利企業等若しくはその子法人の地位に就くこと、又は他の役職員をその離職後に、若しくは役職員であった者を、当該営利企業等若しくはその子法人の地位に就かせることを要求し、又は約束した職員

② 職務に関し、他の役職員に職務上不正な行為をするように、又は相当の行為をしないように要求し、依頼し、若しくは唆すこと、又は要求し、依頼し、若しくは唆したことに関し、営利企業等に対し、離職後に当

該営利企業等若しくはその子法人の地位に就くこと、又は他の役職員をその離職後に、若しくは役職員であった者を、当該営利企業等若しくはその子法人の地位に就かせることを要求し、又は約束した職員

③ 前号（地方独立行政法人法第50条の2において準用する場合を含む。）の不正な行為をするように、又は相当の行為をしないように要求し、依頼し、又は唆した行為の相手方であって、同号（同条において準用する場合を含む。）の要求又は約束があったことの情を知って職務上不正な行為をし、又は相当の行為をしなかった職員

第64条 第38条の2第1項（※元職員による働きかけ規制）、第4項（※長の直近下位の内部組織の長の職にあった元職員による働きかけ規制）又は第5項（※自ら決定した契約・処分に関する元職員による働きかけ規制）の規定（同条第8項（※国の部課長級に相当する職にあった元職員による働きかけ規制）の規定に基づく条例が定められているときは、当該条例の規定を含む。）に違反して、役職員又はこれらの規定に規定する役職員に類する者として人事委員会規則で定めるものに対し、契約等事務に関し、職務上の行為をするように、又は

298

しないように要求し、又は依
頼した者（不正な行為をする
ように、又は相当の行為をし
ないように要求し、又は依頼
した者を除く。）は、10万円
以下の過料に処する。

第65条　第38条の6第2項の
条例（※再就職情報の届出）
には、これに違反した者に対
し、10万円以下の過料を科す
る旨の規定を設けることがで
きる。

附則（抄）
　（職員が職員団体の役員とし
て専ら従事することができ
る期間の特例）
20　第55条の2の規定の適用に
ついては、職員の労働関係の
実態にかんがみ、労働関係の
適正化を促進し、もって公務
の能率的な運営に資するた
め、当分の間、同条第3項中
「5年」とあるのは、「7年以
下の範囲内で人事委員会規則
又は公平委員会規則で定める
期間」とする。

## 労働基準法（抄）

　（労働条件の決定）
第2条　労働条件は、労働者と
使用者が、対等の立場におい
て決定すべきものである。
2　労働者及び使用者は、労働
協約、就業規則及び労働契約
を遵守し、誠実に各々その義
務を履行しなければならな
い。

　（均等待遇）
第3条　使用者は、労働者の国
籍、信条又は社会的身分を理
由として、賃金、労働時間そ
の他の労働条件について、差
別的取扱をしてはならない。

　（男女同一賃金の原則）
第4条　使用者は、労働者が女
性であることを理由として、
賃金について、男性と差別的
取扱いをしてはならない。

　（中間搾取の排除）
第6条　何人も、法律に基いて
許される場合の外、業として
他人の就業に介入して利益を
得てはならない。

　（公民権行使の保障）
第7条　使用者は、労働者が労
働時間中に、選挙権その他公
民としての権利を行使し、又
は公の職務を執行するために
必要な時間を請求した場合に
おいては、拒んではならない。
但し、権利の行使又は公の職
務の執行に妨げがない限り、
請求された時刻を変更するこ

とができる。

（賃金）
第11条　この法律で賃金とは、賃金、給料、手当、賞与その他名称の如何を問わず、労働の対償として使用者が労働者に支払うすべてのものをいう。

（平均賃金）
第12条　この法律で平均賃金とは、これを算定すべき事由の発生した日以前３カ月間にその労働者に対し支払われた賃金の総額を、その期間の総日数で除した金額をいう。（以下略）

（この法律違反の契約）
第13条　この法律で定める基準に達しない労働条件を定める労働契約は、その部分については無効とする。この場合において、無効となった部分は、この法律で定める基準による。

（契約期間等）
第14条　労働契約は、期間の定めのないものを除き、一定の事業の完了に必要な期間を定めるもののほかは、３年（次の各号のいずれかに該当する労働契約にあっては、５年）を超える期間について締結してはならない。
①　（中略）専門的知識等を有する労働者（中略）との間に締結される労働契約
②　満60歳以上の労働者との間

に締結される労働契約（前号に掲げる労働契約を除く。）
2　厚生労働大臣は、期間の定めのある労働契約の締結時及び当該労働契約の期間の満了時において労働者と使用者との間に紛争が生ずることを未然に防止するため、使用者が講ずべき労働契約の期間の満了に係る通知に関する事項その他必要な事項についての基準を定めることができる。
3　行政官庁は、前項の基準に関し、期間の定めのある労働契約を締結する使用者に対し、必要な助言及び指導を行うことができる。

（労働条件の明示）
第15条　使用者は、労働契約の締結に際し、労働者に対して賃金、労働時間その他の労働条件を明示しなければならない。この場合において、賃金及び労働時間に関する事項その他の厚生労働省令で定める事項については、厚生労働省令で定める方法により明示しなければならない。
2　前項の規定によって明示された労働条件が事実と相違する場合においては、労働者は、即時に労働契約を解除することができる。
3　（略）

（解雇制限）
第19条　使用者は、労働者が業務上負傷し、又は疾病にかかり療養のために休業する期間及びその後30日間並びに産前

産後の女性が第65条の規定によって休業する期間及びその後30日間は、解雇してはならない。ただし、使用者が、第81条の規定によって打切補償を支払う場合又は天災事変その他やむを得ない事由のために事業の継続が不可能となった場合においては、この限りでない。

2　前項但書後段の場合においては、その事由について行政官庁の認定を受けなければならない。

（解雇の予告）

第20条　使用者は、労働者を解雇しようとする場合においては、少なくとも30日前にその予告をしなければならない。30日前に予告をしない使用者は、30日分以上の平均賃金を支払わなければならない。但し、天災事変その他やむを得ない事由のために事業の継続が不可能となった場合又は労働者の責に帰すべき事由に基づいて解雇する場合においては、この限りでない。

2　前項の予告の日数は、1日について平均賃金を支払った場合においては、その日数を短縮することができる。

3　前条第2項の規定（※行政官庁の認定）は、第1項但書の場合にこれを準用する。

（退職時等の証明）

第22条　労働者が、退職の場合において、使用期間、業務の種類、その事業における地位、賃金又は退職の事由（退職の事由が解雇の場合にあつては、その理由を含む。）について証明書を請求した場合においては、使用者は、遅滞なくこれを交付しなければならない。

2　労働者が、第20条第1項の解雇の予告がされた日から退職の日までの間において、当該解雇の理由について証明書を請求した場合においては、使用者は、遅滞なくこれを交付しなければならない。ただし、解雇の予告がされた日以後に労働者が当該解雇以外の事由により退職した場合においては、使用者は、当該退職の日以後、これを交付することを要しない。

3　前2項の証明書には、労働者の請求しない事項を記入してはならない。

4　（略）

（賃金の支払）

第24条　賃金は、通貨で、直接労働者に、その全額を支払わなければならない。ただし、法令若しくは労働協約に別段の定めがある場合又は厚生労働省令で定める賃金について確実な支払の方法で厚生労働省令に定めるものによる場合においては、通貨以外のもので支払い、また、法令に別段の定めがある場合又は当該事業場の労働者の過半数で組織する労働組合があるときはその労働組合、労働者の過半数で組織する労働組合がないと

きは労働者の過半数を代表する者との書面による協定がある場合においては、賃金の一部を控除して支払うことができる。

2　賃金は、毎月1回以上、一定の期日を定めて支払わなければならない。ただし、臨時に支払われる賃金、賞与その他これに準ずるもので厚生労働省令で定める賃金（中略）については、この限りでない。

（非常時払）

第25条　使用者は、労働者が出産、疾病、災害その他厚生労働省令で定める非常の場合の費用に充てるために請求する場合においては、支払期日前であっても、既往の労働に対する賃金を支払わなければならない。

（休業手当）

第26条　使用者の責に帰すべき事由による休業の場合においては、使用者は、休業期間中当該労働者に、その平均賃金の100分の60以上の手当を支払わなければならない。

（最低賃金）

第28条　賃金の最低基準に関しては、最低賃金法の定めるところによる。

（労働時間）

第32条　使用者は、労働者に、休憩時間を除き1週間について40時間を超えて、労働させてはならない。

2　使用者は、1週間の各日については、労働者に、休憩時間を除き1日について8時間を超えて、労働させてはならない。

（災害等による臨時の必要がある場合の時間外労働等）

第33条　災害その他避けることのできない事由によって、臨時の必要がある場合においては、使用者は、行政官庁の許可を受けて、その必要の限度において第32条から前条まで若しくは第40条の労働時間を延長し、又は第35条の休日に労働させることができる。ただし、事態急迫のために行政官庁の許可を受ける暇がない場合においては、事後に遅滞なく届け出なければならない。

2　前項ただし書の規定による届出があった場合において、行政官庁がその労働時間の延長又は休日の労働を不適当と認めるときは、その後にその時間に相当する休憩または休日を与えるべきことを、命ずることができる。

3　公務のために臨時の必要がある場合においては、第1項の規定にかかわらず、官公署の事業（別表第1に掲げる事業を除く。）に従事する国家公務員及び地方公務員については、第32条から前条まで若しくは第40条の労働時間を延長し、又は第35条の休日に労働させることができる。

（休憩）

**第34条**　使用者は、**労働時間が6時間を超える場合においては少なくとも45分、8時間を超える場合においては少なくとも1時間の休憩時間を労働時間の途中に**与えなければならない。

2　前項の休憩時間は、**一斉に**与えなければならない。ただし、当該事業場に、**労働者の過半数で組織する労働組合が**ある場合においてはその労働組合、労働者の過半数で組織する労働組合がない場合においては**労働者の過半数を代表する者との書面による協定が**あるときは、この限りでない。

3　使用者は、第1項の**休憩時間を自由に利用させなければ**ならない。

（休日）

**第35条**　使用者は、労働者に対して、**毎週少くとも1回の休日を与え**なければならない。

2　前項の規定は、**4週間を通じ4日以上の休日を与える使用者については適用しない。**

（時間外及び休日の労働）

**第36条**　使用者は、当該事業場に、**労働者の過半数で組織する労働組合が**ある場合においてはその労働組合、労働者の過半数で組織する労働組合がない場合においては**労働者の過半数を代表する者との書面による協定をし、これを行政官庁に届け出た場合において**は、第32条から第32条の5ま

で若しくは第40条の労働時間（中略）又は前条の休日（中略）に関する規定にかかわらず、**その協定で定めるところによって労働時間を延長し、又は休日に労働させることができる。**

2　前項の協定においては、次に掲げる事項を定めるものとする。

①　この条の規定により労働時間を延長し、又は休日に労働させることができることとされる労働者の範囲

②　対象期間（中略）

③　労働時間を延長し、又は休日に労働させることができる場合

④　対象期間における1日、1カ月及び1年のそれぞれの期間について労働時間を延長して労働させることができる時間又は労働させることができる休日の日数

⑤　労働時間の延長及び休日の労働を適正なものとするために必要な事項として厚生労働省令で定める事項

3　前項第4号の**労働時間を延長して労働させることができる時間**は、当該事業場の業務量、時間外労働の動向その他の事情を考慮して通常予見される時間外労働の範囲内において、**限度時間を超えない時間に限る**

4　前項の**限度時間**は、**1カ月について45時間及び1年について360時間**（中略）とする。

5　第1項の協定においては、

第2項各号に掲げるもののほか、当該事業場における通常予見することのできない業務量の大幅な増加等に伴い臨時的に**第3項の限度時間を超えて労働させる必要がある場合**において、1カ月について労働時間を延長して労働させ、及び休日において労働させることができる時間（中略）並びに1年について労働時間を延長して労働させることができる時間（中略）を定めることができる。この場合において、第1項の協定に、併せて第2項第2号の対象期間において労働時間を延長して労働させる時間が1カ月について45時間（中略）を超えることができる月数（1年について6カ月以内に限る。）を定めなければならない。

6　使用者は、第1項の協定で定めるところによって労働時間を延長して労働させ、又は休日において労働させる場合であっても、**次の各号に掲げる時間について、当該各号に定める要件を満たすものとしなければならない。**

①　（略）

②　**1カ月について労働時間を延長して労働させ、及び休日において労働させた時間100時間未満であること。**

③　**対象期間の初日から1カ月ごとに区分した各期間に当該各期間の直前の1カ月、2カ月、3カ月、4カ月及び5カ月の期間を加えたそれぞれの期間における労働時間を延**長して労働させ、及び休日において労働させた時間の**1カ月当たりの平均時間80時間を超えないこと。**

7～11　（略）

（時間外、休日及び深夜の割増賃金）

**第37条**　使用者が、第33条又は前条第1項の規定により**労働時間を延長し、又は休日に労働させた場合**においては、その時間又はその日の労働については、**通常の労働時間又は労働日の賃金の計算額の2割5分以上5割以下の範囲内でそれぞれ政令で定める率以上の率で計算した割増賃金を支**払わなければならない。ただし、当該延長して労働させた**時間が1カ月について60時間を超えた場合**においては、その超えた時間の労働については、**通常の労働時間の賃金の計算額の5割以上の率で計算した割増賃金を支払わなけれ**ばならない。

2～3　（略）

4　使用者が、**午後10時から午前5時まで**（厚生労働大臣が必要であると認める場合においては、その定める地域又は期間については午後11時から午前6時まで）の間において労働させた場合においては、その時間の労働については、**通常の労働時間の賃金の計算額の2割5分以上の率で計算**した割増賃金を支払わなければならない。

5　（略）

（年次有給休暇）
第39条　使用者は、その雇入れの日から起算して６カ月間継続勤務し全労働日の８割以上出勤した労働者に対して、継続し、又は分割した10労働日の有給休暇を与えなければならない。

２〜４　（略）

５　使用者は、前各項の規定による有給休暇を労働者の請求する時季に与えなければならない。ただし、請求された時季に有給休暇を与えることが事業の正常な運営を妨げる場合においては、他の時季にこれを与えることができる。

６　（略）

７　使用者は、（中略）有給休暇（（中略）有給休暇の日数が10労働日以上である労働者に係るものに限る。（中略））の日数のうち５日については、基準日（中略）から１年以内の期間に、労働者ごとにその時季を定めることにより与えなければならない。（以下略）

８〜９　（略）

10　労働者が業務上負傷し、又は疾病にかかり療養のために休業した期間及び（中略）育児休業又は（中略）介護休業をした期間並びに産前産後の女性が第65条の規定によって休業した期間は、第１項及び第２項の規定の適用については、これを出勤したものとみなす。

（最低年齢）
第56条　使用者は、児童が満15歳に達した日以後の最初の３月31日が終了するまで、これを使用してはならない。

２　前項の規定にかかわらず、別表第１第１号から第５号までに掲げる事業以外の事業（※→本書労基法末尾に付いている別表参照）に係る職業で、児童の健康及び福祉に有害でなく、かつ、その労働が軽易なものについては、行政官庁の許可を受けて、満13歳以上の児童をその者の修学時間外に使用することができる。映画の製作又は演劇の事業については、満13歳に満たない児童についても、同様とする。

（年少者の証明書）
第57条　使用者は、満18才に満たない者について、その年齢を証明する戸籍証明書を事業場に備え付けなければならない。

２　使用者は、前条第２項の規定（※15歳年度末までの児童の修学時間外の使用）によって使用する児童については、修学に差し支えないことを証明する学校長の証明書及び親権者又は後見人の同意書を事業場に備え付けなければならない。

（未成年者の労働契約）
第58条　親権者又は後見人は、未成年者に代って労働契約を締結してはならない。

2　親権者若しくは後見人又は
行政官庁は、労働契約が未成
年者に不利であると認める場
合においては、将来に向って
これを解除することができ
る。

第59条　未成年者は、独立して
賃金を請求することができ
る。親権者又は後見人は、未
成年者の賃金を代って受け取
ってはならない。


（労働時間及び休日）
第60条　第32条の２から第32条
の５まで（※変形労働時間制
等）、第36条（※時間外及び
休日労働）、第40条（※休憩
の特例）及び第41条の２の
規定は、満18歳に満たない者
については、これを適用しな
い。
２～３　（略）


（深夜業）
第61条　使用者は、満18歳に満
たない者を午後10時から午前
５時までの間において使用し
てはならない。ただし、交替
制によって使用する満16歳以
上の男性についてはこの限り
でない。
２～５　（略）


（坑内労働の禁止）
第63条　使用者は、満18歳に満
たない者を坑内で労働させて
はならない。


（坑内業務の就業制限）
第64条の２　使用者は、次の各

号に掲げる女性を当該各号に
定める業務に就かせてはなら
ない。
①　妊娠中の女性及び坑内で
行われる業務に従事しない
旨を使用者に申し出た産後
１年を経過しない女性　坑
内で行われるすべての業務
②　前号に掲げる女性以外の
満18歳以上の女性　坑内
で行われる業務のうち人力
により行われる掘削の業務
その他の女性に有害な業務
として厚生労働省令で定め
るもの


（危険有害業務の就業制限）
第64条の３　使用者は、妊娠中
の女性及び産後１年を経過し
ない女性（以下「妊産婦」と
いう。）を、重量物を取り扱
う業務、有害ガスを発散する
場所における業務その他妊産
婦の妊娠、出産、哺育等に有
害な業務に就かせてはならな
い。
２　前項の規定は、同項に規定
する業務のうち女性の妊娠又
は出産に係る機能に有害であ
る業務につき、厚生労働省令
で、妊産婦以外の女性に関し
て、準用することができる。
３　（略）


（産前産後）
第65条　使用者は、６週間（多
胎妊娠の場合にあつては、14
週間）以内に出産する予定の
女性が休業を請求した場合に
おいては、その者を就業させ
てはならない。

2　使用者は、産後8週間を経過しない女性を就業させてはならない。ただし、産後6週間を経過した女性が請求した場合において、その者について医師が支障がないと認めた業務に就かせることは、差し支えない。

3　使用者は、妊娠中の女性が請求した場合においては、他の軽易な業務に転換させなければならない。

第66条　使用者は、妊産婦が請求した場合においては、第32条の2第1項、第32条の4第1項及び第32条の5第1項の規定（※いずれも変形労働時間制）にかかわらず、一週間について第32条第1項の労働時間（※40時間）、一日について同条第2項の労働時間（※8時間）を超えて労働させてはならない。

2　使用者は、妊産婦が請求した場合においては、第33条第1項（※非常事態の場合）及び第3項（公務のため臨時に必要のある場合）並びに第36条第1項（※三六協定）の規定にかかわらず、時間外労働をさせてはならず、又は休日に労働させてはならない。

3　使用者は、妊産婦が請求した場合においては、深夜業をさせてはならない。

（育児時間）

第67条　生後満1年に達しない生児を育てる女性は、第34条の休憩時間のほか、一日2回各々少なくとも30分、その生児を育てるための時間を請求することができる。

2　使用者は、前項の育児時間中は、その女性を使用してはならない。

（生理日の就業が著しく困難な女性に対する措置）

第68条　使用者は、生理日の就業が著しく困難な女性が休暇を請求したときは、その者を生理日に就業させてはならない。

（療養補償）

第75条　労働者が業務上負傷し、又は疾病にかかった場合においては、使用者は、その費用で必要な療養を行い、又は必要な療養の費用を負担しなければならない。

2　（略）

（休業補償）

第76条　労働者が前条の規定による療養のため、労働することができないために賃金を受けない場合においては、使用者は、労働者の療養中平均賃金の100分の60の休業補償を行わなければならない。

2～3　（略）

（休業補償及び障害補償の例外）

第78条　労働者が重大な過失によって業務上負傷し、又は疾病にかかり、且つ使用者がその過失について行政官庁の認定を受けた場合においては、

休業補償又は障害補償を行わ
なくてもよい。

（遺族補償）
第79条　労働者が業務上死亡し
た場合においては、使用者は、
遺族に対して、平均賃金の
1000日分の遺族補償を行わな
ければならない。

（打切補償）
第81条　第75条の規定によって
補償を受ける労働者が、療養
開始後3年を経過しても負傷
又は疾病がなおらない場合に
おいては、使用者は、平均賃
金の1200日分の打切補償を行
い、その後はこの法律の規定
による補償を行わなくてもよ
い。

（作成及び届出の義務）
第89条　常時10人以上の労働者
を使用する使用者は、次に掲
げる事項について就業規則を
作成し、行政官庁に届け出な
ければならない。次に掲げる
事項を変更した場合において
も、同様とする。
　①　始業及び終業の時刻、休
　　憩時間、休日、休暇（以下
　　略）
　②　賃金（臨時の賃金等を除
　　く。以下この号において同
　　じ。）の決定、計算及び支
　　払の方法、賃金の締切り及
　　び支払の時期並びに昇給に
　　関する事項
　③　退職に関する事項（解雇
　　の事由を含む。）
　③の2～⑩　　（略）

（作成の手続）
第90条　使用者は、就業規則の
作成又は変更について、当該
事業場に、労働者の過半数で
組織する労働組合がある場合
においてはその労働組合、労
働者の過半数で組織する労働
組合がない場合においては労
働者の過半数を代表する者の
意見を聴かなければならな
い。
2　使用者は、前条の規定によ
り届出をなすについて、前項
の意見を記した書面を添付し
なければならない。

（制裁規定の制限）
第91条　就業規則で、労働者に
対して減給の制裁を定める場
合においては、その減給は、
1回の額が平均賃金の1日分
の半額を超え、総額が1賃金
支払期における賃金の総額の
10分の1を超えてはならな
い。

（法令及び労働協約との関係）
第92条　就業規則は、法令又は
当該事業場について適用され
る労働協約に反してはならな
い。
2　行政官庁は、法令又は労働
協約に抵触する就業規則の変
更を命ずることができる。

（労働契約との関係）
第93条　労働契約と就業規則と
の関係については、労働契約
法第12条の定めるところによ
る。

附則　(抄)

**第137条　期間の定めのある労働契約**（一定の事業の完了に必要な期間を定めるものを除き、その**期間が1年を超えるものに限る。**）**を締結した労働者**（第14条第1項各号に規定する労働者（**※高度な専門知識等を有する労働者及び満60歳以上の労働者**）を除く。）は、労働基準法の一部を改正する法律附則第3条に規定する措置が講じられるまでの間、民法第628条の規定（**※有期労働契約の解除に対する制限**）にかかわらず、当該労働契約の期間の初日から1年を経過した日以後においては、その使用者に申し出ることにより、いつでも退職することができる。

別表第1

| | |
|---|---|
| 1 | 物の製造、改造、加工、修理、洗浄、選別、包装、装飾、仕上げ、販売のためにする仕立て、破壊若しくは解体又は材料の変造の事業（電気、ガス又は各種動力の発生、変更若しくは伝導の事業及び水道の事業を含む。） |
| 2 | 鉱業、石切り業その他土石又は鉱物採取の事業 |
| 3 | 土木、建築その他工作物の建設、改造、保存、修理、変更、破壊、解体又はその準備の事業 |
| 4 | 道路、鉄道、軌道、索道、船舶又は航空機による旅客又は貨物の運送の事業 |
| 5 | ドック、船舶、岸壁、波止場、停車場又は倉庫における貨物の取扱いの事業 |
| 6 | 土地の耕作若しくは開墾又は植物の栽植、栽培、採取若しくは伐採の事業その他農林の事業 |
| 7 | 動物の飼育又は水産動植物の採捕若しくは養殖の事業その他の畜産、養蚕又は水産の事業 |
| 8 | 物品の販売、配給、保管若しくは賃貸又は理容の事業 |
| 9 | 金融、保険、媒介、周旋、集金、案内又は広告の事業 |
| 10 | 映画の製作又は映写、演劇その他興行の事業 |
| | 11 〜 12　（略） |
| 13 | 病者又は虚弱者の治療、看護その他保健衛生の事業 |
| 14 | 旅館、料理店、飲食店、接客業又は娯楽場の事業 |
| 15 | 焼却、清掃又はと畜場の事業 |

# 地方公営企業法（抄）

（管理者の選任及び身分取扱い）

第７条の２　管理者は、地方公営企業の経営に関し識見を有する者のうちから、地方公共団体の長が任命する。

2　次の各号のいずれかに該当する者は、管理者となることができない。

①　成年被後見人若しくは被保佐人又は破産者で復権を得ない者

②　禁錮以上の刑に処せられ、その執行を終わるまで又はその執行を受けることがなくなるまでの者

3　管理者は、衆議院議員若しくは参議院議員又は地方公共団体の議会の議員若しくは常勤の職員若しくは地方公務員法第28条の５第１項に規定する短時間勤務の職を占める職員と兼ねることができない。

4　管理者の任期は、４年とする。

5　管理者は、再任されることができる。

6　管理者は、常勤とする。

7　地方公共団体の長は、管理者が心身の故障のため職務の遂行に堪えないと認める場合又は管理者の業務の執行が適当でないため経営の状況が悪化したと認める場合その他管理者がその職に必要な適格性を欠くと認める場合には、これを罷免することができる。

8　地方公共団体の長は、管理者に職務上の義務違反その他管理者たるに適しない非行があると認める場合には、これに対し懲戒処分として戒告、減給、停職又は免職の処分をすることができる。

9　管理者は、前２項の規定による場合を除くほか、その意に反して罷免され、又は懲戒処分を受けることがない。

10　管理者は、第２項各号の一に該当するに至ったときは、その職を失う。

11　地方自治法第159条、第165条第２項及び第180条の５第６項から第８項まで（※副知事、副市町村長の選任及び退職、兼業禁止の規定）並びに地方公務員法第30条から第37条まで及び第38条第１項の規定（※服務に関する諸規定）は、管理者について準用する。

（管理者の地位及び権限）

第８条　管理者は、次に掲げる事項を除くほか、地方公営企業の業務を執行し、当該業務の執行に関し当該地方公共団体を代表する。ただし、法令に特別の定めがある場合は、この限りでない。

①　予算を調製すること。

②　地方公共団体の議会の議決を経るべき事件につきその議案を提出すること。

③　決算を監査委員の審査及び議会の認定に付すること。

④　地方自治法第14条第３項並びに第228条第２項及び第３項に規定する過料を科すること。

310

2　第７条ただし書の規定により管理者を置かない地方公共団体においては、管理者の権限は、当該地方公共団体の長が行う。

（管理者の担任する事務）
第９条　管理者は、前条の規定に基いて、地方公営企業の業務の執行に関し、おおむね左に掲げる事務を担任する。
①　その権限に属する事務を分掌させるため必要な分課を設けること。
②　職員の任免、給与、勤務時間その他の勤務条件、懲戒、研修及びその他の身分取扱に関する事項を掌理すること。
③　予算の原案を作成し、地方公共団体の長に送付すること。
④　予算に関する説明書を作成し、地方公共団体の長に送付すること。
⑤　決算を調製し、地方公共団体の長に提出すること。
⑥　議会の議決を経るべき事件について、その議案の作成に関する資料を作成し、地方公共団体の長に送付すること。
⑦　当該企業の用に供する資産を取得し、管理し、及び処分すること。
⑧　契約を結ぶこと。
⑨～⑫　　（略）
⑬　労働協約を結ぶこと。
⑭～⑮　　（略）

（企業管理規程）

第10条　管理者は、法令又は当該地方公共団体の条例若しくは規則又はその機関の定める規則に違反しない限りにおいて、業務に関し管理規程（以下「企業管理規程」という。）を制定することができる。

（補助職員）
第15条　管理者の権限に属する事務の執行を補助する職員（以下、「企業職員」という。）は、管理者が任免する。但し、当該地方公共団体の規則で定める主要な職員を任免する場合においては、あらかじめ、当該地方公共団体の長の同意を得なければならない。
2　企業職員は、管理者が指揮監督する。

（職員の労働関係の特例）
第36条　企業職員の労働関係については、地方公営企業等の労働関係に関する法律の定めるところによる。

（給与）
第38条　企業職員の給与は、給料及び手当とする。
2　企業職員の給与は、その職務に必要とされる技能、職務遂行の困難度等職務の内容と責任に応ずるものであり、かつ、職員の発揮した能率が充分に考慮されるものでなければならない。
3　企業職員の給与は、生計費、同一又は類似の職種の国及び地方公共団体の職員並びに民間事業の従業者の給与、当該

地方公共団体の経営の状況その他の事情を考慮して定めなければならない。

4　企業職員の給与の種類及び基準は、条例で定める。

（他の法律の適用除外等）

第39条　企業職員については、地方公務員法第5条、第8条（第1項6号、第3項及び第5項を除く。）、第14条第2項、第23条から第26条の3まで（※職階制及び給与、部分休業）、第26条の5第3項（自己啓発休業）、第37条（※争議行為等の禁止、→地方公営企業法36条参照）、第39条第4項、第40条第2項、第46条から第49条まで（※勤務条件に関する措置要求）、第52条から第56条まで（※職員団体に関する規定）及び第58条（※労働基準法の適用除外）、（中略）、地方公共団体の一般職の任期付研究員の採用等に関する法律第6条（※裁量労働時間制）並びに行政不服審査法の規定は、適用しない。

2　企業職員（政令で定める基準に従い地方公共団体の長が定める職にある者を除く。）については、地方公務員法第36条（※政治行為の制限）の規定は、適用しない。

## 地方公営企業等の労働関係に関する法律（抄）

（定義）

第3条　この法律において、次の各号に掲げる用語の意義は、当該各号に定めるところによる。

①〜②　（略）

③　地方公営企業等　地方公営企業及び特定地方独立行政法人をいう。

④　職員　地方公営企業又は特定地方独立行政法人に勤務する一般職に属する地方公務員をいう。

（他の法律との関係）

第4条　職員に関する労働関係については、この法律の定めるところにより、この法律に定めのないものについては、労働組合法（中略）及び労働関係調整法（中略）の定めるところによる。

（職員の団結権）

第5条　職員は、労働組合を結成し、若しくは結成せず、又はこれに加入し、若しくは加入しないことができる。

2　労働委員会は、職員が結成し、又は加入する労働組合（以下「組合」という。）について、職員のうち労働組合法第2条第1号に規定する者（※使用者の利益を代表するもの）の範囲を認定して告示するものとする。

3　（略）

（組合のための職員の行為の制限）

第6条　職員は、組合の業務にもっぱら従事することができない。ただし、地方公営企業等の許可を受けて、組合の役員としてもっぱら従事する場合は、この限りでない。

2　前項ただし書の許可は、地方公営企業等が相当と認める場合に与えることができるものとし、これを与える場合においては、地方公営企業等は、その許可の有効期間を定めるものとする。

3　第1項ただし書の規定により組合の役員としてもっぱら従事する期間は、職員としての在職期間を通じて5年（※当分の間、「7年以下の範囲で労働協約で定める期間」に変更→附則4）（地方公務員法第55条の2第1項ただし書の規定により職員団体（※→地公法55条の2）の業務にもっぱら従事したことがある職員については、5年（※7年以内の範囲で労働協約で定める期間）からそのもっぱら従事した期間を控除した期間）をこえることができない。

4　第1項ただし書の許可は、当該許可を受けた職員が組合の役員として当該組合の業務にもっぱら従事する者でなくなったときは、取り消されるものとする。

5　第1項ただし書の許可を受けた職員は、その許可が効力を有する間は、休職者とし、いかなる給与も支給されず、

また、その期間は、退職手当の算定の基礎となる勤続期間に算入されないものとする。

（団体交渉の範囲）

第7条　（中略）、職員に関する次に掲げる事項は、団体交渉の対象とし、これに関し労働協約を締結することができる。ただし、地方公営企業等の管理及び運営に関する事項は、団体交渉の対象とすることができない。

①　賃金その他の給与、労働時間、休憩、休日及び休暇に関する事項

②　昇職、降職、転職、免職、休職、先任権及び懲戒の基準に関する事項

③　労働に関する安全、衛生及び災害補償に関する事項

④　前3号に掲げるもののほか、労働条件に関する事項

（条例に抵触する協定）

第8条　地方公共団体の長は、地方公営企業において当該地方公共団体の条例に抵触する内容を有する協定が締結されたときは、その締結後10日以内に、その協定が条例に抵触しなくなるために必要な条例の改正又は廃止に係る議案を当該地方公共団体の議会に付議して、その議決を求めなければならない。ただし、当該地方公共団体の議会がその締結の日から起算して10日を経過した日に閉会しているときは、次の議会に速やかにこれを付議しなければならない。

2〜3　（略）

4　第1項又は第2項の協定は、前項の条例の改正又は廃止がなければ、条例に抵触する限度において、効力を生じない。

（規則その他の規程に抵触する協定）

**第9条**　地方公共団体の長その他の地方公共団体の機関は、地方公営企業において、当該地方公共団体の長その他の地方公共団体の機関の定める規則その他の規程に抵触する内容を有する協定が締結されたときは、速やかに、その協定が規則その他の規程に抵触しなくなるために必要な規則その他の規程の改正又は廃止のための措置をとらなければならない。

（予算上資金上不可能な支出を内容とする協定）

**第10条**　地方公営企業の予算上又は資金上、不可能な資金の支出を内容とするいかなる協定も、当該地方公共団体の議会によって所定の行為がなされるまでは、当該地方公共団体を拘束せず、且つ、いかなる資金といえども、そのような協定に基いて支出されてはならない。

2〜3　（略）

（争議行為の禁止）

**第11条**　職員及び組合は、地方公営企業等に対して同盟罷業、怠業その他の業務の正常な運営を阻害する一切の行為をすることができない。また、職員並びに組合の組合員及び役員は、このような禁止された行為を共謀し、唆し、又はあおってはならない。

2　地方公営企業等は、作業所閉鎖をしてはならない。

（前条の規定に違反した職員の身分）

**第12条**　地方公共団体及び特定地方独立行政法人は、前条の規定に違反する行為をした職員を解雇することができる。

（調停の開始）

**第14条**　労働委員会は、次に掲げる場合に、地方公営企業等の労働関係に関して調停を行う。

①　関係当事者の双方が調停の申請をしたとき。

②　関係当事者の双方又は一方が労働協約の定めに基づいて調停の申請をしたとき。

③　関係当事者の一方が調停の申請をなし、労働委員会が調停を行う必要があると決議したとき。

④　労働委員会が職権に基づいて調停を行う必要があると決議したとき。

⑤　厚生労働大臣又は都道府県知事が調停の請求をしたとき。

（仲裁の開始）

**第15条**　労働委員会は、次に掲げる場合に、地方公営企業等

314

の労働関係に関して**仲裁を行う**。

① 関係当事者の双方が仲裁の申請をしたとき。

② 関係当事者の双方又は一方が労働協約の定めに基づいて仲裁の申請をしたとき。

③ 労働委員会が、その労働委員会においてあっせん又は調停を行っている労働争議において、仲裁を行う必要があると決議したとき。

④ 労働委員会があっせんまたは調停を開始した後2月を経過して、なお労働争議が解決しない場合において、関係当事者の一方が仲裁の申請をしたとき。

⑤ 厚生労働大臣又は都道府県知事が仲裁の請求をしたとき。

（仲裁裁定）

**第16条** 地方公営企業等とその職員との間に発生した紛争に係る仲裁裁定に対しては、当事者は、**双方とも最終的決定としてこれに服従**しなければならない。

2 地方公共団体の長は、地方公営企業とその職員との間に発生した紛争に係る仲裁裁定が実施されるように、できる限り努力しなければならない。ただし、**当該地方公営企業の予算上又は資金上、不可能な資金の支出を内容とする仲裁裁定については、第10条の規定を準用**する。

3～5 （略）

（不当労働行為の申立て等）

**第16条の3** 第12条の規定による解雇に係る労働組合法第27条第1項の申立て（※**不当労働行為の申立て**）があった場合において、その申立てが**当該解雇がなされた日から2月を経過**した後になされたものであるときは、労働委員会は、同条第2項の規定にかかわらず、**これを受けることができない。**

2 第12条の規定による解雇に係る労働組合法第27条第1項の申立て又は同法第27条の15第1項若しくは第2項の再審査の申立てを受けたときは、**労働委員会は、申立ての日から2月以内に命令を発するようにしなければならない。**

附 則

4 第6条の規定の適用については、地方公営企業の運営の実態にかんがみ、労働関係の適正化を促進し、もって地方公営企業等の効率的な運営に資するため、当分の間、同条第3項中「5年」とあるのは、「**7年以下の範囲内で労働協約で定める期間**」とする。

5 地方公務員法第57条に規定する**単純な労務に雇用される一般職に属する地方公務員**であって、**第3条第4号の職員（※地方公営企業職員）以外**のものに係る労働関係その他身分取扱については、その労働関係その他身分取扱いに関し特別の法律が制定施行され

るまでの間は、この法律（第17条を除く。）及び地方公営企業法第37条から第39条までの規定（※職階制、給与、他の法律の適用除外）を準用する。（以下略）

**買いたい新書4**

# 1日10分 地方公務員法 第6次改訂版

定価はカバーに表示してあります。

| 2002年7月25日 | 初版1刷発行 |
| 2004年1月20日 | 第1次改訂版発行 |
| 2007年3月12日 | 第2次改訂版発行 |
| 2008年11月13日 | 第3次改訂版発行 |
| 2012年1月10日 | 第4次改訂版発行 |
| 2016年6月10日 | 第5次改訂版発行 |
| 2023年6月24日 | 第6次改訂版発行 |

| 編　集 | 株式会社**都政新報社** 出版部 |
| 発行者 | 吉田　実 |
| 発行所 | 株式会社**都政新報社** |
| | 〒160-0023 |
| | 東京都新宿区西新宿7-23-1　TSビル6階 |
| | 電話：03（5330）8788 |
| | FAX：03（5330）8904 |
| | 振替：00130-2-101470 |
| | ホームページ：http://www.toseishimpo.co.jp/ |
| 印刷・製本 | 株式会社光陽メディア |

乱丁・落丁はお取り替えいたします。

# 都政新報社の本

パワーハラスメントの衝撃
　　金子雅臣 著……………………………………1,600円

橋を透して見た風景
　　紅林章央 著……………………………………2,300円

第9版 体系 都財政用語辞典
　　監修 東京都財務局長…………………………4,500円

築地と豊洲
　　澤　章 著………………………………………1,700円

それでも児童相談所は前へ
　　奥田晃久、長田淳子 著………………………1,637円

多文化共創社会への33の提言
　　編集代表者 川村千鶴子…………………………2,000円

## [実戦シリーズ]

第6次改訂増補版
地方公務員法　実戦150題 …………2,000円
第6次改訂版
行政法 実戦150題 …………………2,000円
第5次改訂版
地方自治法 実戦150題 ……………2,000円

## [買いたい新書シリーズ]

買いたい新書 1日10分資料解釈 ………1,000円
買いたい新書3 1日10分地方自治法
第5次改訂版 ……………………………………1,200円
買いたい新書5 1日10分論文の書き方 …1,300円
買いたい新書6 1日10分行政法
第1次改訂版 ……………………………………1,350円

(いずれも本体価格)